Stefan Petzold

Sozialpolitik und Armut in Deutschland

Zusammenhänge und Entwicklung
im neuen Jahrtausend

Diplomica Verlag GmbH

Petzold, Stefan: Sozialpolitik und Armut in Deutschland – Zusammenhänge und Entwicklung im neuen Jahrtausend, Hamburg, Diplomica Verlag GmbH 2013

Buch-ISBN: 978-3-8428-9377-1
PDF-eBook-ISBN: 978-3-8428-4377-6
Druck/Herstellung: Diplomica® Verlag GmbH, Hamburg, 2013

Bibliografische Information der Deutschen Nationalbibliothek:
Die Deutsche Nationalbibliothek verzeichnet diese Publikation in der Deutschen
Nationalbibliografie; detaillierte bibliografische Daten sind im Internet über
http://dnb.d-nb.de abrufbar.

© Diplomica Verlag GmbH
Hermannstal 119k, 22119 Hamburg
http://www.diplomica-verlag.de, Hamburg 2013
Printed in Germany

Inhaltsverzeichnis

Einleitung..7

1. Sozialpolitische Entwicklungen in Deutschland....................................11

   1.1 Verlauf der wohlfahrtsstaatlichen Neuausrichtung in der BRD nach der
       Abkehr vom Keynesianismus bis zum Jahr 1998...........................11

   1.2 Paradigmatische Wende und sozialpolitische Umgestaltungsprozesse in der
       Bundesrepublik ab 1998...18

2. Veränderungen der sozialen Lage in der BRD......................................31

   2.1 Die Entwicklung von Armut und sozialer Ungleichheit in der Bundesrepublik
       seit der Jahrtausendwende..31

   2.2 Zusammenhänge zwischen politischen Maßnahmen und
       Armutsentwicklungen in Deutschland ab dem Regierungswechsel 1998.....45

3. Sozialstaatlichkeit im Umbruch?..59

   3.1 Die gegenwärtige Veränderung von Wohlfahrtsstaatlichkeit und ihre
       Zusammenhänge und Hintergründe in der Bundesrepublik...............59

   3.2 Armuts-, Ungleichheits- und Gerechtigkeitsaspekte im deutschen
       Sozialstaat der Gegenwart...70

Schlussbetrachtung...81

Literatur- und Quellenverzeichnis...85

Anmerkungen

Der Einfachheit halber benutze ich für allgemeine Personenbezeichnungen in dieser Arbeit meist das generische Maskulinum, beziehe mich dabei aber selbstverständlich gleichermaßen auf Frauen und Männer.

Sämtliche verwendete Internetquellen wurden im September 2012 auf ihr Bestehen überprüft.

Einleitung

Allerspätestens seit den 80er Jahren werden die westlichen / westeuropäischen Wohlfahrtsstaaten zunehmend durch verschiedene Entwicklungstendenzen – sowohl ökonomische, als auch soziale und politische – unter Druck gesetzt. Dazu zählen insbesondere die Globalisierung der Märkte und die Internationalisierung des Finanzkapitals sowie deren Einfluss auf Standort- und Wettbewerbsbedingungen, ein länderübergreifendes, „dramatisches Wachstum der Staatsverschuldung"[1], hohe strukturelle Arbeitslosigkeit, die unter anderem auf eine fortschreitende „Entkoppelung von Wachstums- und Beschäftigungsentwicklung"[2] zurückzuführen ist, Prozesse demografischen Wandels und neue Migrationsbewegungen. (Die BRD hat zudem noch die Folgen der Wiedervereinigung zu bewältigen.) Dementsprechend ist in zahlreichen europäischen Ländern eine parallele Abkehr von wohlfahrtsstaatlichen Politiken festzustellen, z.B. in Form einer regressiven Verschiebung der Steuerbelastung in Deutschland, Frankreich, Großbritannien und den Niederlanden.[3] Der in der Nachkriegszeit allerseits von Regierungen betriebene Keynesianismus ist aufgrund fallender Profitraten etwa ab den 80ern allmählich durch den sog. Neoliberalismus abgelöst worden, einer Ideologie, die vor allem darauf setzt, die Funktionen des Staates als Sozialstaat zu schwächen.[4]

Experten vertreten derzeit mehrheitlich die Meinung, der Wohlfahrtsstaat als solcher sei irreversibel, unterliege aber naturgemäß einem ständigen Wandel – prinzipiell müsse er sich wandeln, um Kontinuität gewährleisten zu können. Dennoch fand in den westlichen Industrienationen gerade in den letzten Jahrzehnten ein deutlicher Umbau im Sinne einer Anpassung an die Bedingungen der Ökonomie statt.

Im Verlauf der 90er vollzog sich zudem ein weitläufiger wohlfahrtsstaatlicher Paradigmenwechsel vom „Welfare State zum Workfare State"[5] oder „vom fürsorgenden

---

1 Roth, Rainer (1999): Das Kartenhaus. Ökonomie und Staatsfinanzen in Deutschland; Frankfurt a. M. (2. Aufl.), S. 8
2 Schmid, Josef (2010): Wohlfahrtsstaaten im Vergleich – Soziale Sicherung in Europa: Organisation, Finanzierung, Leistungen und Probleme; Wiesbaden (3. Aufl.), S. 58
3 Vgl. ebd., S. 59 (Schaubild 2-1)
4 Vgl. z.B. Roth 1999, S. 381 ff.
5 Wolf, Michael (2007): „Sozialpolitik und Soziale Arbeit jenseits des Wohlfahrtsstaats: Leben auf eigenes Risiko" In: UTOPIE kreativ 206, S. 1153-1170

zum aktivierenden Staat"[6], der zu einer charakterlichen Neuausrichtung des Sozialstaats bzw. zu einem qualitativen Umbruch von Wohlfahrtsstaatlichkeit in den beteiligten Ländern führte. Neben einer Verschiebung im Verhältnis von Rechten und Pflichten wie auch im „Rollenverständnis" zwischen Staat und Staatsbürgern ist das ideologische Leitbild sämtlicher Formen des aktivierenden Wohlfahrtsstaats durch eine „moralische Dominanz der Arbeitspflicht"[7] geprägt. Beinahe ebenso charakteristisch ist die Reduzierung sozialstaatlicher Transfers für Hilfebedürftige sowie eine verstärkte Koppelung von Leistungen an Verpflichtungen und Gegenleistungen.

In der BRD kann die Zeit des Jahrtausendwechsels als grober Orientierungspunkt für eine neue Epoche sozialstaatlichen Umbaus und sozialstaatlichen Denkens betrachtet werden; besonders durch die rapide steigende Arbeitslosigkeit und wachsende Standortkonkurrenz sah man damals einen erhöhten Reformbedarf. Über den gewählten Weg scheint in den etablierten Parteien auf lange Sicht weitgehend Einigkeit zu bestehen (oder bestehen zu müssen) – Regierungswechsel 2005 und 2009 brachten zumindest keinen programmatischen Richtungswechsel hervor.

Im Zuge verschiedener politischer Umgestaltungsprozesse innerhalb der letzten zwölf Jahre hat sich unter anderem die Bedeutung privater Versorgung in den Bereichen Altersvorsorge und Gesundheit weiter erhöht; das Niveau der staatlichen Absicherung wird in Deutschland bereits seit längerem sukzessive verringert. Außerdem wurde das Renteneintrittsalter angehoben und die paritätische Finanzierung der gesetzlichen Krankenversicherung zu Lasten der Arbeitnehmer aufgegeben. Im Rahmen der sog. Hartz-Reformen wurden regierungsseitig erhebliche Absenkungen von sozialstaatlichen Transferleistungen erwirkt, im Ganzen die größte Kürzung von Sozialleistungen seit 1949[8], verbunden mit einer drastischen Verschärfung von Zumutbarkeitsklauseln und Leistungsberechtigungsvoraussetzungen. Desweiteren führten Verschiebungen bei der Steuerbelastung (wie diverse Steuersenkungen im Sinne der Privatwirtschaft und eine Erhöhung der Mehrwertsteuer um drei Prozentpunkte) zu einer wesentlich regressiveren Ausrichtung des deutschen Steuersystems.

---

6 Dingeldey, Irene (2011): „Der aktivierende Wohlfahrtsstaat – Governance der Arbeitsmarktpolitik in Dänemark, Großbritannien und Deutschland; Frankfurt a. M., S. 19
7 Petzold, Stefan (2009): Der Arbeitsbegriff hinter den Hartz IV-Gesetzen und Auswirkungen auf Sozialstaat und Grundrechte; Hamburg, S. 77
8 Vgl. Lessenich, Stephan (2008): Die Neuerfindung des Sozialen. Der Sozialstaat im flexiblen Kapitalismus; Bielefeld, S. 89

Seit dem Jahrtausendwechsel haben auch die Themen Armut und soziale Ungleichheit in der Bundesrepublik an politischem Stellenwert gewonnen. 2001 konstatierte der erste Armuts- und Reichtumsbericht der Bundesregierung, dass ab den 80er Jahren die „soziale Ausgrenzung zugenommen und Verteilungsgerechtigkeit abgenommen" habe.[9] Im zweiten Armuts- und Reichtumsbericht wurde 2005 ebenfalls ein Anstieg sozialer Ungleichheit eingeräumt; als Hauptursache sahen die Verfasser eine Schwäche der Weltwirtschaft und die daraus resultierende „mangelnde wirtschaftliche Dynamik im Inland"[10] – also ein konjunkturelles, nicht ein strukturelles Problem. In einer 2006 veröffentlichten Untersuchung zur Reformbereitschaft der Bundesbürger gaben 59% von 3021 Befragten an, sich gegenwärtig finanziell einschränken zu müssen.[11] Diese vielbeachtete Studie der Friedrich Ebert Stiftung führte auch den Begriff des Prekariats ein – er bezeichnet aktuell den Anteil der Deutschen, der durch unsichere Arbeits- und Lebensperspektiven, schlechte Finanzlage, sozialen Ausschluss und oft fatalistische Grundeinstellung geprägt ist.

In der vorliegenden Studie sollen die wichtigsten sozialpolitischen Reformvorgänge in der Bundesrepublik seit der Jahrtausendwende genauer betrachtet werden, verknüpft mit dem Versuch, deren Resultate in Verbindung mit der Entwicklung von Armut und sozialer Ungleichheit darzustellen und zu bewerten. Ziel ist eine Bestandsaufnahme (politisch beeinflusster) armutsrelevanter Entwicklungen in Deutschland im 21. Jahrhundert aus soziologischer Perspektive. Dabei ist zu beachten, dass bis dato nicht alle zentralen soziöokonomische Prozesse politisch bearbeitet worden sind bzw. in manchen Bereichen eine sog. Politik des Aussitzens betrieben wurde. Ein gewichtiges Beispiel ist hier die Heterogenisierung der Arbeitsbedingungen.[12] Aus diesem Grund muss eine umfassende analytische Betrachtung auch Problemfelder berücksichtigen, in denen der Staat bislang auf Interventionen und Regulierungsmaßnahmen verzichtet hat. Die Abhandlung gliedert sich in drei Kapitel. Im ersten Kapitel geht es darum, welche substanziellen politischen, rechtlichen und strukturellen Veränderungen mit den jüngsten wohlfahrtsstaatlichen Reformprozessen in der BRD erfolgt sind. Was wurde wann konkret geändert und was wurde mit den Änderungen offiziell beabsichtigt? Um

---

9 Deutscher Bundestag (2001): Lebenslagen in Deutschland – Erster Armuts- und Reichtumsbericht; Berlin, Bonn (Drucksache 14/5990), S. 10

10 Deutscher Bundestag (2005): Lebenslagen in Deutschland – Zweiter Armuts- und Reichtumsbericht; Berlin, Köln (Drucksache 15/5015), S. 12

11 Müller-Hilmer, Rita (2006): Gesellschaft im Reformprozess. Umfrage im Auftrag der Friedrich-Ebert-Stiftung; TNS Infratest Sozialforschung; München, Bielefeld, Berlin, Hamburg, Wetzlar

12 Vgl. Schmid 2010, S. 60

einen Kontext herzustellen, wird im Vorfeld zunächst die Sozialpolitik der 80er und 90er Jahre („Ära Kohl") umrissen. Kapitel zwei widmet sich der Frage, welche Auswirkungen dieser Änderungen sich im Hinblick auf die Entwicklung von Armut und sozialer Ungleichheit faktisch feststellen lassen. Welche – positiven wie negativen – Entwicklungen in der Bundesrepublik stehen eindeutig bzw. nachweislich in Zusammenhang mit den geänderten sozialen Gegebenheiten, was lässt sich theoretisch plausibel darauf zurückführen? In Kapitel drei wird neben der näheren Erläuterung des wohlfahrtsstaatlichen Umbruchs an sich eine soziologische Bewertung der deutschen Sozialpolitik seit dem definitiven Vollzug des Paradigmenwechsels im Zeitraum der Jahrtausendwende vorgenommen; als Maßstab dient dabei das sozialstaatliche Ziel der Schaffung von sozialer Sicherheit und Gerechtigkeit. Inwieweit gelingt es dem reformierten Sozialstaat tatsächlich, die gesellschaftlichen Probleme und negativen sozialen Folgen heutiger kapitalistisch-marktwirtschaftlicher Ökonomie abzumildern? Bewertungsgegenstand soll auch sein, ob mit der vollzogenen Politik ein merklicher Fortschritt für die Ärmsten im Land erreicht wurde und / oder in Zukunft zu erwarten ist. Die nachstehende Schlussbetrachtung beinhaltet zum einen eine Zusammenfassung von Ergebnissen dieser Arbeit, zum anderen einige abschließende Gedanken zur Perspektive der Sozialstaatlichkeit der Bundesrepublik.

1. Sozialpolitische Entwicklungen in Deutschland

1.1 Verlauf der wohlfahrtsstaatlichen Neuausrichtung in der BRD nach der Abkehr vom Keynesianismus bis zum Jahr 1998

Kaum ein anderer Politikbereich unterliegt solchermaßen Veränderungen wie die Sozialpolitik. Ein eindeutiger Beginn des wohlfahrtsstaatlichen Wandels unserer Zeit ist in Deutschland bereits in der Sozial- und Arbeitsmarktpolitik der 80er Jahre festzustellen. Mit dem Amtsantritt des Bundeskanzlers Helmut Kohl verfestigte sich ab 1982 der sog. Neoliberalismus, der bereits einige Jahre zuvor begonnen hatte, die keynesianisch gesteuerte Politik in der Bundesrepublik abzulösen. Der Neoliberalismus drücke, so der Sozialwissenschaftler Rainer Roth (1999), „nicht nur agressive Erfordernisse eines krisenhaften Stadiums der Kapitalverwertung aus, sondern auch eine Kräfteverschiebung zwischen Staat und Konzernen".[13] Je mehr die ökonomische Macht von Banken und internationalen Unternehmen wachse, desto stärker werde ihre Position gegenüber der Politik und desto mehr verlangten sie, selbst zu bestimmen.[14]

Eine Folge war die Drosselung staatlicher Ausgaben, jedoch „weitgehend nur im Bereich der soziaalstaatlichen Leistungen. [...] Die Liste der zwischen 1982 und 1990 verfügten Streichungen und Kürzungen sozialstaatlicher Leistungen ist lang."[15] Neben zahlreichen Kürzungen bei verschiedenen Versicherungs- und Transferleistungen setzte die Regierung Kohl auch auf Verschärfungen von Anspruchsvoraussetzungen, Sanktionen (u.a. schrittweise Erhöhung der Sperrzeiten) und der Zumutbarkeitsregelung für Erwerbslose, um ihr erklärtes Primärziel, das Überwinden der bestehenden Wirtschaftskrise, zu verwirklichen. Paradigmatisch ummantelt wurden die Maßnahmen mit einer Art Leistungsideologie – es müsse mehr produziert / gearbeitet und weniger konsumiert werden. Die Leistungsbereitschaft des Einzelnen sei gesunken. Außerdem dürfe es keine Ausbeutung der Fleißigen durch die Faulen geben.[16] Gleichermaßen wurde um Verständnis geworben: Die Sicherung des sozialen Netzes verlange nach

---

13 Roth 1999, S. 386
14 Ebd.
15 Stapelfeldt, Gerhard (1998): Wirtschaft und Gesellschaft der Bundesrepublik Deutschland: Kritik der ökonomischen Rationalität. Zweiter Band; Hamburg, S. 366 f.
16 Vgl. Kohl, Helmut (1982): Regierungserklärung des Bundeskanzlers am 13. Oktober 1982 vor dem Deutschen Bundestag in Bonn: 'Koalition der Mitte: Für eine Politik der Erneuerung' In: Bulletin Nr. 93, 14. Oktober 1982; Bonn, S. 853-868
http://www.mediaculture-online.de/fileadmin/bibliothek/kohl_RE_1982/kohl_RE_1982.pdf

Opfern, einen anderen erfolgversprechenden Weg gäbe es nicht.[17] Auch in den Massenmedien der Bundesrepublik wurde die Auffassung, „dass eine 'Wende zum Weniger' nötig sei [...] wie ein Naturgesetz behandelt, dem zu widersprechen hieß, sich lächerlich zu machen".[18]

Faktisch liefern international vergleichende Analysen bis heute keine greifbaren Belege dafür, dass ein verhältnismäßig hohes Sozialleistungsniveau die Wirtschaftskraft eines Landes beeinträchtigt. Eher wirkt ein umfassendes Maß an sozialer Gleichheit und Sicherheit als produktiver Faktor auf die wirtschaftliche Leistungsfähigkeit einer Gesellschaft zurück[19], was an späterer Stelle (Kap. 3) genauer erläutert werden soll.

Im Folgenden eine kleine Auswahl sozialpolitischer Änderungen im Überblick: Im Jahr 1982 verdoppelte man die Vorversicherungszeit für den Anspruch auf Arbeitslosengeld von sechs auf zwölf Monate sozialversicherungspflichtige Beschäftigung und senkte die Höhe des Unterhaltsgeldes in der Arbeitsförderung. Der Beitragssatz zur Sozialversicherung stieg von 3% auf 4% an. Zudem billigte das Bundeskabinett eine Verdoppelung der Sperrzeit sowie neue Zumutbarkeitsregeln für Arbeitslose – letztere waren in der zweiten Hälfte der 70er Jahre schon zweimal verschärft worden. 1984 wurden Arbeitslosengeld, Kurzarbeitergeld und das sog. Schlechtwettergeld, eine Vorgängerleistung des heutigen Saison-Kurzarbeitergelds, von 68% auf 63%[20] des vorangegangenen Nettoeinkommens verringert und die Höhe der Arbeitslosenhilfe von 58% auf 56% des früheren Nettoentgelts abgesenkt. Daneben kam es sowohl zu einer weiteren Kürzung des Unterhaltsgeldes als auch zu einer erneuten Verlängerung der Sperrzeit, die nun um weitere vier Wochen auf zwölf Wochen ausgeweitet wurde. Ab 1986 wurden bei der Bedürftigkeitsprüfung für Arbeitslosenhilfe auch Einkommen und Vermögen von Partnern in sog. eheähnlichen Gemeinschaften (der Begriff umfasste damals noch beinahe jede Form des Zusammenwohnens und -wirtschaftens zwischen Mann und Frau) einbezogen. Im Bereich der Rentenversicherung beschloss man 1983 neben einer Erhöhung des Beitragssatzes unter anderem, dass rentenähnliche Zusatzeinkünfte künftig der Krankenversicherungspflicht unterliegen sollen. 1984 folgte eine Reduzierung der Rentenanpassung durch Überarbeitung der allgemeinen

---

17 Vgl. ebd.
18 Butterwegge, Christoph (2012): Armut in einem reichen Land – Wie das Problem verharmlost und verdrängt wird; Frankfurt, New York (3. Aufl.), S. 218
19 Vgl. Garfinkel, Irvin / Rainwater, Lee / Smeeding, Timothy (2010): Wealth and Welfare States. Is America a Laggard or Leader? Oxford, New York, S. 35 f.; Bäcker et al. 2008, S. 81
20 Bei diesen und den folgenden Angaben handelt es sich um die Regelsätze für kinderlose Erwachsene.

Bemessungsgrundlage, 1989 wurde die Bruttolohnorientierung der Renten aufgegeben und die Lebensarbeitszeit für Frauen erhöht. Bei der Krankenversicherung wurden verschiedene Leistungsansprüche der Versicherten vermindert, während Zuzahlungen und Eigenbeteiligungsanteile umfassend erhöht wurden. Im Sozialhilfebereich erfolgte vor allem eine sukzessive Herabsetzung der Regelsatzanpassung. Entgegen dem Trend des sozialstaatlichen Rückbaus verbesserte sich die finanzielle Förderung von Familien.

In der Familienpolitik ermöglichte 1986 die Einführung von Erziehungsgeld und Erziehungsjahr, eine strukturelle Neuerung, dass erstmals auch Väter Erziehungsurlaub in Anspruch nehmen konnten.

Sozialpolitisch bedeutend war auch das sog. Beschäftigungs-Förderungsgesetz aus dem Jahr 1985, das den Kündigungsschutz einschränkte, befristete Arbeitsverträge erleichterte und diverse Abweichungen vom Prinzip des Normalarbeitsverhältnisses begünstigte. Die Regierung senkte darüber hinaus die staatlichen Ausgaben für aktive Arbeitsmarktpolitik; vielmehr wurde versucht, das Überangebot an Arbeitskräften durch Frühverrentung und Altersteilzeit abzubauen.[21] Eine auf sozialer Ebene ebenfalls relevante wirtschaftspolitische Entscheidung war im Sommer 1983 die Erhöhung der Mehrwertsteuer von 13% auf 14%.

Das zwischen 1982 und 1990 anhaltend positive Wirtschaftswachstum bei jedoch stark ansteigenden Arbeitslosenzahlen führte in Verbindung mit der betriebenen Sozialpolitik dazu, dass trotz wachsendem gesellschaftlichen Wohlstand eine relative Verarmung bei einem zunehmenden Teil der Bevölkerung eintrat – eine Entwicklung, auf die hier nur am Rande hingewiesen werden soll. Sozialpolitische Probleme blieben in hohem Maße ungelöst. Überdies sank die Sozialleistungsquote der Bundesrepublik von 30,1% im Jahr 1982 auf 26,5% im Jahr 1990.[22] Das Armutsrisiko stieg in erster Linie für jene Personengruppen, die nicht oder nicht mehr am Erwerbsleben teilnehmen konnten. Zusammenhänge zwischen der gerade 1982 und 1983 äußerst entschieden praktizierten „Politik der Leistungseinschränkungen im Sozialbereich" und den steigenden Armutszahlen wurden regierungsseitig später geleugnet.[23]

---

21 Der fragmentarische Überblick sozialpolitischer Ereignisse in den 80ern erfolgte u.a. auf Grundlage von Stapelfeldt 1998, S. 367 ff. sowie Mohr, Kathrin (2009): „Von 'Welfare to Workfare'? Der radikale Wandel der deutschen Arbeitsmarktpolitik" In: Bothfeld, Silke / Sesselmeier, Werner / Bogedan, Claudia (Hrsg.): Arbeitsmarktpolitik in der sozialen Marktwirtschaft – Vom Arbeitsförderungsgesetz zum Sozialgesetzbuch II und III; Wiesbaden, S. 49-60

22 Vgl. Stapelfeldt 1998, S. 364

23 Boeckh, Jürgen / Huster, Ernst-Ulrich / Benz, Benjamin (2011): Sozialpolitik in Deutschland. Eine systematische Einführung; Wiesbaden (3. Aufl.), S. 114

1990 wurde die wirtschaftliche und politische Wiedervereinigung Deutschlands herbeigeführt (die bislang beschriebenen Vorgänge bezogen sich ausschließlich auf den westlichen Teil der heutigen BRD). Der ehemaligen DDR wurde dabei die strukturelle Ordnung der Bundesrepublik auferlegt, verbunden mit dem Versprechen „es wird niemandem schlechter gehen als zuvor".[24] Bei der Bundestagswahl Ende 1990 konnten Helmut Kohl und seine schwarz-gelbe Regierung mit dieser und anderen zumindest sehr optimistisch gedachten Zusicherungen die gesamtdeutschen Wähler für sich gewinnen; 1994 wurde die Regierung Kohl noch einmal knapp im Amt bestätigt. In der Zeit von 1990 bis 1998 wuchsen die deutschen Staatsschulden von rund 1049 Milliarden DM auf über 2000 Milliarden DM an.[25] Eine Folge der exorbitanten finanziellen Belastung – insbes. auch der Sozialversicherungen – durch den Prozess der Wiedervereinigung waren stark steigende Sozialbeiträge. Die Finanzierung der deutschen Einheit war ebenso ausschlaggebend dafür, dass die Sozialleistungsquote Mitte der 90er Jahre wieder bei etwa 30% lag. Roth (1999) weist darauf hin, dass die wachsende Staatsverschuldung eine wachsende Kontrolle von Ausgaben und Haushaltspolitik durch die Gläubiger hervorgerufen und den Einfluss der Staatsbürokratie geschwächt hat.[26]

Eine Zusammenfassung der wichtigsten sozialpolitischen Reformen zwischen 1990 und 1998 zeigt, dass sich gewisse Trends der vorausgegangenen acht Jahre fortsetzten. Bemerkenswert ist auch, dass einerseits mit der neuen Pflegeversicherung das Sozialversicherungssystem erweitert wurde und damit die Ausgaben erhöht wurden, während andererseits (auf der Einnahmenseite) eine zum Teil staatlich unterstützte Flucht aus der Sozialversicherung dessen Finanzierungsprobleme verstärkte. Unter Experten ist seit jeher die Annahme verbreitet, dass eine „Finanzierung über Sozialabgaben in einem Zielkonflikt zur Beschäftigungsentwicklung"[27] stünde.

Der nachfolgende Abriss sozialpolitischer Ereignisse in Deutschland ab 1990 basiert im Wesentlichen auf Darstellungen von Jochem (1999) und Mohr (2009) und lässt eine Reihe von Geschehnissen aus Relevanzgründen unberücksichtigt.

Im Bereich der Arbeitsmarktpolitik kam es 1993 mit dem ersten und zweiten Gesetz zur Umsetzung des Spar-, Konsolidierungs- und Wachstumsprogramms zu einer zeitlichen

---

24 Helmut Kohl am 1.7.1990, zitiert nach Stapelfeldt 1998, S. 393
25 Vgl. Boeckh / Huster / Benz 2011, S. 116
26 Vgl. Roth 1999, S. 386
27 Jochem, Sven (1999) „Sozialpolitik in der Ära Kohl: Die Politik des Sozialversicherungsstaates", ZeS-Arbeitspapier Nr. 12/99; Bremen, S. 40
   http://edoc.vifapol.de/opus/volltexte/2008/441/pdf/AP_12_1999.pdf

Begrenzung der Arbeitslosenhilfe und zur erneuten Absenkung der Leistungssätze (beim Arbeitslosengeld von 63% auf 60%, bei der Arbeitslosenhilfe von 56% auf 53% des letzten Nettoeinkommens). Das im Jahr 1996 verabschiedete Wachstums- und Beschäftigungsförderungsgesetz führte zusammen mit der Arbeitslosenhilfereform und dem 1997 beschlossenen Arbeitsförderungsreformgesetz unter anderem zu Einschränkungen bei den Rehabillitationsleistungen, verschärfter Überprüfung von Arbeitsunfähigkeit, nochmaliger Erleichterung befristeter Arbeitsverträge, einer weiteren Reduzierung des Kündigungsschutzes, Senkung der Bemessungsgrundlage bei der Arbeitslosenhilfe sowie zu einer noch rigoroseren Ausgestaltung der Zumutbarkeitsbestimmungen. Ebenfalls erwähnenswert ist die Tatsache, dass nun Bemühungsnachweise seitens der Arbeitslosen zu erbringen waren. Insgesamt „wurden die Auflagen für Arbeitslose, sich um Arbeit zu bemühen, Arbeitsangebote oder Arbeitsgelegenheiten anzunehmen, sowohl in der Arbeitslosenversicherung, als auch in der Sozialhilfe ausgeweitet."[28] Zudem wurden staatliche Lohnkostenzuschüsse an Privatunternehmen ausgebaut, Arbeitsbeschaffungsmaßnahmen erweitert und private Arbeitsvermittler zugelassen.

Bei den Reformen im Gesundheitswesen ist besonders die Einführung der Pflegeversicherung 1994 / 1995 von Bedeutung. Desweiteren erfolgten abermals Leistungskürzungen bei den Krankenkassen bei gleichzeitiger Erhöhung von Eigenbeteiligungen und Zuzahlungen. Im Bereich der Sozialhilfe wurde die Anpassung der Sozialhilfesätze an steigende Lebenshaltungskosten mehrfach ausgesetzt. Das Wohngeld wurde ab 1990 überhaupt nicht mehr an die Entwicklung von Mieten und Einkommen angeglichen (bis zur Wohngeldreform 2001). Auf dem Feld der Familienpolitik legte die Regierung dagegen 1992 einen ab 1996 gültigen gesetzlichen Anspruch auf einen Kindergartenplatz für Kinder ab drei Jahren fest. Außerdem erhöhte man das Kindergeld und hob die Steuerfreibeträge für erwerbstätige bzw. entsprechende Einkünfte beziehende Eltern an. Bei der Rentenversicherung wurden im Rahmen des Wachstums- und Beschäftigungsförderungsgesetzes 1996 das Fremdrentenrecht eingeschränkt, die Anrechnungszeiten verkürzt und das Renteneintrittsalter für Frauen angehoben. Im Dezember 1997 folgte das sog. Rentenreformgesetz '99; es beinhaltete eine Senkung des allgemeinen Rentenniveaus, die Einführung des Demografiefaktors[29], Heraufsetzung der Altersgrenzen ab dem Jahr 2000 und ferner eine stärkere Würdigung

---

28 Mohr 2009, S. 53
29 Dieser sollte nach der Jahrtausendwende bei der Berechnung der gesetzlichen Renten einbezogen werden und den steigenden Rentenlaufzeiten durch eine Streckung der Lebensrente entgegenwirken.

von Kindererziehungsphasen. Mit dem Gesetz sollte auch die Zahl der vorzeitigen Übergänge vom Erwerbsleben in die Rente verringert werden.[30]

Einige Beschlüsse in der Wirtschaftspolitik führten ebenso wie die Mehrzahl der sozialpolitischen Maßnahmen zu einer höheren finanziellen Belastung der Bürger: Mit Beginn des Jahres 1993 wurde z.B. die Mehrwertsteuer von 14% auf 15% erhöht, zum 01.04.1998 trat eine Mehrwertsteuererhöhung von 15% auf 16% ein.

Im Großen und Ganzen ist festzuhalten, dass die von CDU, CSU und FDP betriebene Sozialpolitik zwischen 1982 und 1998 von drei primären Zielsetzungen bestimmt wurde. Erstens der Kostensenkung im sozialen Sektor, vor allem im Gesundheitswesen, zweitens einer Anpassung der Rentenversicherung an demografische Entwicklungen und drittens der Flexibilisierung des Arbeitsmarkts und der arbeitsmarktpolitischen Instrumente. Als Legitimationsgrundlage diente das Wohl der Allgemeinheit. „Die gefundenen Lösungen bedeuteten fast immer Leistungseinschränkungen, höhere Selbstbeteiligungen, verschärfte Integrationsmechanismen."[31] Verschiedene politische Schritte bewirkten eine im Zeitverlauf stetige Zunahme des sozialen Zwangs zu arbeiten. Das wiederholte Absenken sozialer Transfer- und Versicherungsleistungen bei Arbeitslosigkeit begünstigte dazu tendenziell sinkende Löhne; über das Mindestsicherungssystem der Sozialhilfe wurde in Deutschland ab den 80er Jahren zweifellos staatliche Lohnpolitik vollzogen, wie z.B. auch Boeckh / Huster / Benz (2011) betonen: „Die Mindestsicherungspolitik wurde so zu einem der zentralen Instrumente angebotsorientierter, wirtschaftsliberal ausgerichteter staatlicher Lohnpolitik, die durch Schnitte bei anderen Sozialleistungen flankiert wurde."[32]

Zu beachten sind allerdings auch einige Leistungsverbesserungen, wie beispielsweise die Verlängerung der Arbeitslosengeldbezugsdauer für ältere Erwerbslose, Erleichterungen für berufstätige Eltern, eine Erweiterung der Kinder und Jugendhilfe und die Einführung einer staatlichen Absicherung des Pflegerisikos durch die Pflegeversicherung. Trotz umfangreicher Einschnitte und Änderungen blieben die Grundlagen des Systems an sich in den Jahren der konservativ-liberalen Koalition erhalten.

---

30 Vgl. Jochem 1999, S. 34
31 Boeckh / Huster / Benz 2011, S. 114
32 Ebd., S. 115 (kursiv gedruckte Hervorhebungen im Original)

Die Politik der Regierung Kohl war insgesamt eindeutig auf Umverteilung von „unten nach oben" gerichtet. Hier nicht dargestellte Steuerreformen sorgten dafür, dass sich die Einkommensverteilung zulasten von Arbeitnehmern verschob, während Unternehmer und Vermögende begünstigt und so die Privatvermögen von Superreichen erhöht wurden.[33] Unbestreitbar fand eine zunehmende Subventionierung privatwirtschaftlicher Gewinne statt; von 1980 bis 1998 fiel der Anteil an Gewinnsteuern am Gesamtsteueraufkommen von 22,7% auf 11,7%.[34]

Abschließend ein knappes Resümee zur deutschen Sozialpolitik 1973 – 1998 aus dem ersten Armuts- und Reichtumsbericht der Bundesregierung von 2001. Dort wurde ein kontinuierlicher Anstieg relativer Einkommensarmut seit Beginn der 80er Jahre ermittelt. Daneben stellten die Verfasser im Untersuchungszeitraum eine generelle Zunahme der Ungleichheit von Erwerbseinkommen in der Bundesrepublik fest.[35]

„Die Sozialgesetzgebung hat auf veränderte gesamtgesellschaftliche Bedingungen mit vielen Reformen reagiert, die auch zu Einschnitten führten. Hinsichtlich der steuerfinanzierten Transfers mit Mindestsicherungscharakter haben fehlende bzw. nicht regelgebundene, lediglich diskretionär erfolgte Anpassungen teilweise zu sinkenden Realwerten geführt. Zumindest beim Familienleistungsausgleich ist [...] eine wesentliche Verbesserung eingetreten. ..."[36]

---

33 Vgl. Butterwegge 2012, S. 134 f.
34 Vgl. Roth 1999, S. 428
35 Deutscher Bundestag (2001): Lebenslagen in Deutschland – Erster Armuts- und Reichtumsbericht; Berlin, Bonn (Drucksache 14/5990), S. 39, 48
36 Ebd., S. 34

1.2 Paradigmatische Wende und sozialpolitische Umgestaltungsprozesse in der Bundesrepublik ab 1998

„Ein Sozialversicherungssystem, das die Fähigkeit, Arbeit zu finden, behindert, muss reformiert werden. Moderne Sozialdemokraten wollen das Sicherheitsnetz aus Ansprüchen in ein Sprungbrett in die Eigenverantwortung umwandeln."[37]

Im Jahr 1998 kam es zum Regierungswechsel in der BRD; die schwarz-gelbe Bundesregierung unter Helmut Kohl wurde nach 16 Jahren von einer rot-grünen Koalition abgelöst, neuer Bundeskanzler wurde der damalige SPD-Vorsitzende Gerhard Schröder. SPD und Grüne versprachen in ihrer Koalitionsvereinbarung vom 20. Oktober 1998 einen Schwerpunkt auf die Bekämpfung von Armut zu legen; insbes. die Kinderarmut müsse reduziert werden.[38] Die Forderung nach einer Verbesserung der Lebenssituation für von Armutsentwicklungen betroffene Bevölkerungsschichten war in den Jahren zuvor Kern sozialdemokratischer wie grüner Oppositionspolitik gewesen.[39] Nach dem Machtwechsel verschoben sich Prioritäten und Positionen allerdings zweifellos in Richtung des neoliberalen Mainstreams. Der im vorausgegangenen Kapitel dargestellte Prozess des wohlfahrtsstaatlichen Wandels erfuhr unter der Regierung Schröder eine drastische Beschleunigung und mündete schließlich in einer strukturellen „Neuorganisation des Leistungssystems und des institutionellen Settings"[40]. Mit dieser erfolgte auch eine radikale Uminterpretation des Sozialstaatsgedankens, die der Soziologe Stephan Lessenich (2008) zugespitzt als „Neuerfindung des Sozialen" bezeichnete. Hintergrund sei die gewollte Herstellung eines veränderten, an die Gegebenheiten des flexiblen Kapitalismus angepassten Beziehungsverhältnisses zwischen Individuum und Gesellschaft.[41]

Als Akt der ideologischen Grundsteinlegung für den Vollzug des sozialstaatlichen Paradigmenwechsels in Deutschland kann die Veröffentlichung des sog. Schröder-Blair-Papiers gesehen werden, das 1999 als europabezogenes Konzept zur Modernisierung sozialdemokratischer Politik vorgelegt wurde. In weiten Teilen wird hier nicht mehr die Gemeinschaft als Verantwortungsträger für das Wohl des Einzelnen betrachtet, sondern der Einzelne gleichermaßen für sich selbst wie für das Wohlergehen der Gesellschaft

---

37 Schröder, Gerhard / Blair, Tony (1999): Der Weg nach vorne für Europas Sozialdemokraten; London
38 Butterwegge 2012, S. 168
39 Vgl. ebd.
40 Mohr 2009, S. 57
41 Vgl. Lessenich 2008, S. 89

verantwortlich gemacht. „Allzu oft wurden Rechte höher bewertet als Pflichten. Aber die Verantwortung des Einzelnen [...] kann nicht an den Staat delegiert werden."[42] In der Konsequenz „wurde die Frage nach Gerechtigkeit und Teilhabe in wachsenden Teilbereichen von Verteilungsfragen abgekoppelt und der Weg für eine stärkere Individualisierung von Risiken freigemacht."[43] Auch die Erneuerung des Verhältnisses zwischen Staat und Wirtschaft stellte einen essenziellen Punkt des Schröder-Blair-Papiers dar. Der Fokus lag dabei unter anderem auf der Frage, inwieweit der Staat Marktversagen korrigieren solle; denn ein Zuviel an Sicherheit, so die Argumentation der beiden Autoren, mindere die Entfaltung von Werten wie Unternehmergeist, Eigenverantwortung, Leistungswillen und Erfolgsstreben. „Die Fähigkeit der nationalen Politik zur Feinsteuerung der Wirtschaft [...] wurde über-, die Bedeutung des Einzelnen und der Wirtschaft bei der Schaffung von Wohlstand unterschätzt."[44] Ebenso habe man die Schwächen der Märkte bislang überbewertet und ihren Stärken zu wenig Beachtung geschenkt.[45]

Das neoliberale Denkschema, das bereits die Politik der schwarz-gelben Vorgängerregierung geprägt hatte, wurde damit im Prinzip in erweiterter Form zur Leitschnur der neuen rot-grünen Bundesregierung, deren Maßnahmen in nicht wenigen Bereichen letztlich als eine konsequente Fortführung der Politik der 80er und 90er Jahre betrachtet werden können – auch wenn man zunächst versuchte, sich inhaltlich abzugrenzen. Perspektivisch neu war die politische Zentrierung auf den Gedanken von Arbeit um jeden Preis. Dass die Formulierung *um jeden Preis* sehr nahe an der Wirklichkeit liegt, verdeutlicht folgende Aussage des Politikwissenschaftlers Josef Schmid (2010): „Nicht mehr die Höhe der Sozialausgaben, sondern das erreichte Niveau an Beschäftigung ist Messlatte dieser neuen Politik."[46] Demzufolge konzentrierte sich die Regierung Schröder „weniger auf die Sicherung von Einkommen, als nunmehr auf die Herstellung neuer Formen von Arbeitsbereitschaft, Arbeitsfähigkeit und Arbeitsgelegenheit"[47].

---

42 Schröder / Blair 1999
43 Boeckh / Huster / Benz 2011, S. 123
44 Schröder / Blair 1999
45 Ebd.
46 Schmid 2010, S. 61
47 Petzold 2009, S. 58

Die nach dem Regierungswechsel vollzogene wohlfahrtsstaatliche Umgestaltung wird nun anhand einer Zusammenfassung rot-grüner Politik im Rückblick skizziert. Eine allumfassende Darlegung ist mir dabei nicht möglich.

Im Jahr 1999 begann man mit der etappenweisen Umsetzung einer ökologisch ausgerichteten Steuerreform, um Umweltverschmutzung und umweltschädlichem Verhalten steuerrechtlich entgegenzuwirken. Neben dem Ziel, Anreize zum Energiesparen zu setzen, hatte die Bundesregierung vorgesehen, „den Faktor Arbeit durch eine Senkung des Beitragssatzes in der Rentenversicherung mit dem erzielten Steuermehraufkommen zu entlasten und dadurch zu besseren Rahmenbedingungen für den Arbeitsmarkt beizutragen"[48]. Infolge wiederholter Anhebung indirekter Steuern (z.B. der neu eingeführten Stromsteuer) erhöhten sich die Preise für Kraftstoffe und Strom besonders für die Bürger; die Wirtschaft wurde durch zahlreiche Sonderregelungen begünstigt. Wirft man einen Blick auf die Steuerpolitik im Ganzen, die bei der Bekämpfung von Armut durchaus auch eine Rolle spielt, so muss man zu dem Ergebnis kommen, dass insbes. hier „die Politik der Kohl-Regierung von Schröder fortgesetzt"[49] worden ist. Allein Unternehmen und Reiche konnten, wie bereits in den Jahren zuvor, von umfangreichen Steuersenkungen profitieren (vgl. Abb. 1). Vor allem Einkommensteuer, Körperschaftssteuer und Gewerbesteuer wurden stark abgesenkt und / oder so modifiziert, dass sich für die betreffenden Kreise immer gewaltigere Einsparmöglichkeiten eröffneten.

Im Bereich der Alterssicherungs- und Rentenpolitik wurden zwar anfänglich von der Regierung Kohl vorgenommene Gesetzesänderungen rückgängig gemacht, dies waren jedoch Reformen von temporärer Geltung, die letztlich keinen Bestand hatten. Schon bald schlug man wieder den Weg der Vorgängerregierung ein. Unter Rot-Grün wandelte sich die bisherige Rentenpolitik zunehmend zu einer Politik der Alterssicherung, bei der die Sicherung von Lebensstandards schließlich weniger durch die gesetzliche Rentenversicherung vorgesehen war, als vielmehr durch betriebliche und private Vorsorgemaßnahmen. Eine Stabilisierung der Beitragssätze zur GRV gelang der Regierung Schröder nur auf Kosten des Leistungsniveaus. Mit der Rentenreform 2001 wurde die sog. Riester-Rente eingeführt, eine freiwillige Form privater Altersvorsorge, staatlich unterstützt durch Zulagen und Steuervergünstigungen. Ferner sollte die 2003 in Kraft getretene und 2005 ins SGB XII integrierte Grundsicherung im Alter und bei

---

48 http://www.bundesfinanzministerium.de/nn_39840/DE/BMF__Startseite/Service/Glossar/O/001__Oe kosteuer-Oekologische_20Steuerreform.html#doc40272bodyText1
49 Roth 1999, S. 428

dauerhaft voller Erwerbsminderung dazu führen, versteckte Altersarmut zu verringern.[50] Der Zweck des Gesetzes bestand darin, den betroffenen Menschen eine eigenständige soziale Leistung zu gewähren, um deren grundlegenden Bedarf für den Lebensunterhalt sicherzustellen, wenn eigene Mittel nicht ausreichten. Das 2004 verabschiedete „Gesetz zur Sicherung der nachhaltigen Finanzierungsgrundlagen der gesetzlichen Rentenversicherung" führte zu einer Modifikation der Rentenanpassungsformel; durch die Einführung eines „Nachhaltigkeitsfaktors" wurde die Höhe zukünftiger Renten ab 2005 nicht mehr allein von der Lohnentwicklung abgeleitet, sondern auch vom Verhältnis zwischen Beitragszahlern und Rentenbeziehern abhängig gemacht. Boeckh / Huster / Benz (2011) pointieren den Effekt: „Damit ist de facto eine Absenkung des zukünftigen Rentenniveaus festgeschrieben worden."[51] Zusätzlich sieht das 2005 verwirklichte Alterseinkünftegesetz zukünftig eine höhere Besteuerung von Renten und Altersbezügen vor.

Im Gesundheitswesen wurde mit dem GKV-Modernisierungsgesetz 2004 die sog. Praxisgebühr eingeführt und der Kurs der Rückverlagerung von Kosten auf die Privathaushalte fortgesetzt. So bezahlten die Krankenkassen beispielsweise keine Brillen und Sehhilfen mehr. Mit dem GKV-Modernisierungsgesetz gab Rot-Grün das Paritätsprinzip der gesetzlichen Krankenversicherung auf; der größere Anteil der Aufwendungen wird seitdem von den Arbeitnehmern getragen.

2001 wurde das Wohngeld den steigenden Mieten angepasst, gleichzeitig aber der Kreis der Bezugsberechtigten verkleinert. Die Familienpolitik blieb weiterhin progressiv ausgerichtet. Entscheidungen in der Familienpolitik umfassten z.B. eine Erhöhung des Kindergeldes, Ansätze zur besseren Vereinbarkeit von Familie und Beruf und eine rechtliche Stärkung gleichgeschlechtlicher Lebenspartnerschaften.

Die gravierendsten sozialstaatsbezogenen Neuregelungen nach dem Jahrtausendwechsel erfolgten indessen unbestritten über die rot-grüne Arbeitsmarktpolitik. Bereits Ende 2001 wurden mit dem Job-AQTIV-Gesetz viele Rechtsnormen geändert. Schmid (2010) bezeichnet das Gesetz als „markant"; es fand hiermit eine eindeutige Umorientierung von aktiver zu aktivierender Arbeitsmarktpolitik statt.[52] Unter anderem setzte man die Zumutbarkeitskriterien zur Aufnahme einer Erwerbstätigkeit weiter herab, baute die Einsatzmöglichkeiten für Leiharbeit aus und führte eine Meldepflicht bei vorauszusehender Arbeitslosigkeit ein. Daneben intensivierte und erweiterte man

---

50 Vgl. Boeckh / Huster / Benz 2011, S. 124
51 Ebd., S. 125
52 Schmid 2010, S. 143

sowohl die Arbeitsvermittlung, als auch die Förderung diverser Aktivierungs- und Qualifizierungsmaßnahmen. Das Job-AQTIV-Gesetz zielte vor allem darauf ab, Arbeitslose insgesamt schneller und effektiver als bisher in Arbeit zu bringen. Es wurde jedoch noch von den politischen Entwicklungen überholt, bevor sämtliche institutionelle Änderungen sich in der Praxis etablieren konnten.[53] Eine auf Dauer angelegte, strukturelle, rechtliche und instrumentelle Reorganisation der deutschen Arbeitsmarktpolitik brachten dagegen die „Gesetze für moderne Dienstleistungen am Arbeitsmarkt" (Hartz-Gesetze) mit sich, die 2002 im Rahmen des Reformkonzeptes „Agenda 2010" konstituiert wurden und ab 2003 nach und nach in Kraft traten. Sie beinhalteten eine beträchtliche Umstrukturierung der Arbeitsverwaltung, weitreichende Modifikationen im Leistungssystem sowie eine äußerst strikte Neuausrichtung arbeitsmarktpolitischer Instrumente. Die neue Arbeitsmarktpolitik der Bundesregierung unterstellte als erwerbsfähig geltenden Hilfebedürftigen grundsätzlich eine gewisse Inaktivität bzw. einen Mangel an Eigenverantwortung[54] und gab den bis dato existierenden Konsens auf, „dass Erwerbslosigkeit als gesellschaftliches und nicht als individuelles Problem zu behandeln sei".[55] Aufgrund ihrer Bedeutsamkeit für diese Abhandlung werden die Hartz-Gesetze im folgenden Absatz etwas detaillierter dargelegt.

Ab 2003 wurden die Gesetzespakete Hartz I und Hartz II umgesetzt. Damit vollzog sich ein deutlicher Abbau rechtlicher Regelungen zur Begrenzung von Leiharbeit, während gleichzeitig die Arbeitnehmerüberlassung durch neue „Personal-Service-Agenturen" (subventionierte Leiharbeitsunternehmen) bundesweit als Instrument zur Vermittlung von Arbeitslosen in Beschäftigung eingerichtet wurde. Ein in vielerlei Hinsicht fragwürdiger Ansatz, der sich schon bald als „nicht erfolgreich" erwies.[56] Außerdem änderte man die Bedingungen für geringfügig entlohnte Beschäftigungsverhältnisse, um „den Arbeitsmarkt für geringfügig Beschäftigte flexibler zu machen und so neue

53 Vgl. Mohr 2009, S. 54
54 Vgl. Petzold 2009, S. 53 ff.
55 Scherschel, Karin / Booth, Melanie (2012): „Aktivierung in die Prekarität: Folgen der Arbeitsmarktpolitik in Deutschland" In: Scherschel, Karin / Streckeisen, Peter / Krenn, Manfred (Hrsg.): Neue Prekarität. Die Folgen aktivierender Arbeitsmarktpolitik – europäische Länder im Vergleich; Frankfurt a. M., S. 19
56 Deutscher Bundestag (2006): Bericht 2006 der Bundesregierung zur Wirksamkeit moderner Dienstleistungen am Arbeitsmarkt; Berlin (Drucksache 16/3982), S. 11
http://dip21.bundestag.de/dip21/btd/16/039/1603982.pdf

Arbeitsplätze in diesem Segment entstehen zu lassen".[57] Eine Kann-Leistung stellten „Bildungsgutscheine" für die Kosten beruflicher Weiterqualifizierung dar, mit denen berufliche Weiterbildung verschiedener Art gefördert werden sollte. Daneben sollte Arbeitslosen durch einen neuen Existenzgründungszuschuss der Einstieg in die Selbstständigkeit als Einzelunternehmer erleichtert werden (Konzept der „Ich-AG").

Symbolisch untermauerte man den Wandlungsprozess mittels einer Umbenennung der Bundesanstalt für Arbeit in Bundesagentur für Arbeit (BA); 2004 wurde die Behörde mit dem dritten Gesetz für moderne Dienstleistungen am Arbeitsmarkt nach dem Prinzip des New Public Management, einer an privatwirtschaftlichen Methoden orientierten Konzeption, umstrukturiert. Ein zentraler Punkt war dabei die Erweiterung der Arbeitsvermittlung über private Dienstleister, welche die Effizienz der BA bei der Vermittlung steigern sollten.[58] Zudem durfte die Behörde „zur Erhebung und Verarbeitung von Sozialdaten nun privatwirtschaftliche Unternehmen heranziehen".[59]

2004 trat parallel zu den Harz-Gesetzen das Gesetz zu Reformen am Arbeitsmarkt in Kraft. Neben einer Reform des Kündigungsrechts wurde hiermit die Anspruchsdauer für Arbeitslosengeld auf grundsätzlich zwölf Monate beschränkt. Für ältere Arbeitnehmer, die in der Regel weitaus länger anspruchsberechtigt waren, sah das Gesetz ab Februar 2006 eine Kürzung des Arbeitslosengeldbezugs auf maximal 18 Monate vor (von vormals bis zu 32). Hartz IV legte zum Jahresbeginn 2005 Arbeitslosenhilfe und Sozialhilfe zusammen. Mit der sog. Grundsicherung für Arbeitssuchende entstand eine einheitliche Mindestsicherung für Langzeitarbeitslose, die etwa auf Sozialhilfeniveau angesiedelt war und nur noch bei nachgewiesener Bedürftigkeit beansprucht werden konnte. Eine weitere Veränderung im Leistungsrecht betraf das „Zumutbarkeits- und Sanktionsregime"[60], dem Bezieher der Grundsicherung unterworfen wurden. Mit Hartz IV erhöhte sich der Zwang zur Arbeitsaufnahme nicht bloß durch niedrige Sozialleistungen in Verbindung mit strikter Bedürftigkeitsprüfung, auch der direkte Druck auf Leistungsbezieher stieg. Zum einen legte das SGB II fest, dass erwerbsfähigen Hilfebedürftigen jetzt prinzipiell jede Arbeit zumutbar sei, zum anderen wurden die behördlichen Sanktionsmöglichkeiten erheblich ausgeweitet. Darüber hinaus

---

57 Oschmiansky, Frank (2010): „Minijobs / geringfügige Beschäftigung"
   http://www.bpb.de/politik/innenpolitik/arbeitsmarktpolitik/55335/minijobs
58 Vgl. Mohr 2009, S. 54 f.
59 Petzold 2009, S. 55
60 Mohr 2009, S. 55

re-integrierte man einen Großteil der bisherigen Sozialhilfeempfänger in die aktive Vermittlung durch die BA.[61]

Teile des Hartz-Pakets waren und sind bis heute (auch) verfassungsrechtlich umstritten; mehrere maßgebliche Urteile des Bundesverfassungsgerichts bestätigten in den Folgejahren massive Verstöße gegen das Grundgesetz.[62] Gut ein Jahr nach Umsetzung der letzten Hartz-Gesetze ergab eine repräsentative Umfrage der Friedrich-Ebert-Stiftung, dass die gesellschaftlichen Veränderungen 63% der Deutschen Angst machten, als dominante gesellschaftliche Grundstimmung wurde von den Sozialforschern „Verunsicherung" festgestellt.[63]

Die rot-grüne Koalition hat eine nationale Armuts- und Reichtumsberichterstattung eingeführt und etabliert. In den Jahren vor dem Regierungswechsel wurde das Problem zunehmender sozialer Ungleichheit in erster Linie von freien Wohlfahrtsverbänden, Gewerkschaften, Kirchen und einzelnen Kommunen dokumentiert, denn die liberal-konservative Bundesregierung unter Helmut Kohl weigerte sich beharrlich, „Armut als gesellschaftliche Realität anzuerkennen".[64] Der erste Armuts- und Reichtumsbericht der Bundesregierung erschien 2001 und löste unterschiedliche Reaktionen aus. Zum einen erschien es lobenswert, dass der Bericht die Existenz von Armut in der BRD offiziell einräumte, zum anderen fanden sich – wie auch in den 2005 und 2008 veröffentlichten Nachfolgewerken – „zahlreiche Defizite, Brüche und Widersprüche".[65] Während die Daten des ersten Armuts- und Reichtumsbericht nur bis 1998, also bis zum Regierungsbeginn von Rot-Grün reichten, zeigte der zweite Bericht eindeutig, dass die Politik von SPD und Grünen absolut keine Verringerung von Armut und sozialer Ungleichheit in Deutschland bewirkt hatte.

2005 kam es zur Selbstaufgabe der rot-grünen Bundesregierung und einer vorgezogenen Bundestagswahl, die schlussendlich zu einer großen Koalition aus SPD und CDU führte. Das Wahlergebnis lieferte keine klaren Mehrheiten und brachte hauptsächlich ein in der Bevölkerung vorherrschendes Misstrauen gegenüber dem weiteren politischen Kurs zum Ausdruck.[66] Die neue schwarz-rote Regierung unter CDU-Kanzlerin Angela

---

61 Vgl. Schmid 2010, S. 396
62 Vgl. z.B. BVerfG, 2 BvR 2433/04, 2 BvR 2434/04 vom 20.12.2007 sowie BVerfG, 1 BvL 1/09, 1 BvL 3/09, 1 BvL 4/09 vom 9.2.2010
63 Vgl. Müller-Hilmer 2006, S. 4
64 Butterwegge 2012, S. 59
65 Ebd., S. 62
66 Vgl. Boeckh / Huster / Benz 2011, S. 125

Merkel hielt im Großen und Ganzen entschieden am aktivierenden Sozialstaat fest. Einerseits ist in der 16. Legislaturperiode des Deutschen Bundestags zwar die maximale Bezugsdauer des Arbeitslosengeld I für ältere Arbeitslose wieder verlängert worden (ab 2008, allerdings nicht auf das Ursprungsniveau), andererseits wurden aber die bisherigen Vermögensfreibeträge für Sozialleistungsbezieher spürbar abgesenkt, Kontrollmechanismen weiter ausgebaut und Sanktionsregelungen verschärft.[67]

Tiefgreifende strukturelle Reformen kamen unter Schwarz-Rot indessen genauso wenig zustande wie ein Abweichen vom Workfare-Paradigma. Lediglich der Beschluss der „Rente mit 67" mit dem Rentenversicherungs-Altersgrenzenanpassungsgesetz vom März 2007 bildet als einzige sozialpolitische Strukturreform der großen Koalition diesbezüglich eine Ausnahme. Mit dem Gesetz wurde entschieden, ab 2012 die Regelaltersgrenze für den Renteneintritt stufenweise von 65 auf 67 Jahre anzuheben.

Im Bereich der Arbeitsmarktpolitik einigte sich Schwarz-Rot auf die Festsetzung gesetzlicher Lohnuntergrenzen für bestimmte Branchen und einen längeren Arbeitslosengeldbezug für Ältere. Ab 2007 senkte man hingegen den für Empfänger von Arbeitslosengeld II von der BA abzuführenden Rentenversicherungsbeitrag von 78 auf 40 Euro pro Monat. Außerdem verständigte sich die Regierung Merkel auf diverse Modifikationen des SGB II, durch die dessen gesetzliche Bestimmungen nach und nach restriktiver ausgestaltet wurden. Im Verlauf der 2007 einsetzenden „Finanzkrise" konnten mittels einer Ausweitung der Regelungen beim Kurzarbeitergeld mittelfristig Arbeitsplätze erhalten werden.[68]

In der Familienpolitik trieb man den Ausbau von Kinderbetreuungseinrichtungen voran; ab 2013 sollte plangemäß ein allgemeiner Rechtsanspruch auf einen Betreuungsplatz für Kinder unter drei Jahren bestehen. Eine familienpolitische Neuerung trat 2007 mit der Einführung des sog. Elterngelds ein. Im Gegensatz zum früheren Erziehungsgeld, das normalerweise pauschal ausgezahlt wurde, stellte das Elterngeld eine am letzten Nettoeinkommen orientierte Entgeltersatzleistung dar. Dadurch bekamen besser verdienende Eltern ab dato wesentlich mehr Unterstützung vom Staat, als einkommensschwache. Für arme Familien brachte das Elterngeld im Vergleich zum Erziehungsgeld eine beträchtliche Verschlechterung mit sich. Am Beispiel des Elterngelds lässt sich gut erkennen, wie Sozialpolitik „zunehmend ökonomisch

---

67 Vgl. z.B. Marburger, Horst (2008): SGB II – Grundsicherung für Arbeitssuchende. Ausführliche Einführung in das zweite Sozialgesetzbuch; Regensburg (7. Aufl.), S. 7
68 Vgl. Boeckh / Huster / Benz 2011, S. 127

funktionalisiert"[69] wird. Der Fokus dieser Transferzahlung rückte hier vom Kind auf die Berufstätigkeit der Eltern. Parallel dazu resultierten Gesetzesänderungen in einer Herabsetzung der Altersgrenze beim Kindergeld von 27 auf 25 Jahre. Praktisch kaum erwähnenswert ist der 2005 noch von der Vorgängerregierung mit den Hartz-Gesetzen eingeführte Kinderzuschlag, eine Unterstützungsleistung für einkommensschwache Familien ohne Grundsicherungsanspruch. Die Hilfen sind gering bemessen und der Beantragungsaufwand beinahe unverhältnismäßig hoch. Im ersten Jahr wurden rund 90% der Anträge abgelehnt.[70] Eine im Koalitionsvertrag zwischen SPD und CDU für 2006 vereinbarte Ausweitung und Weiterentwicklung unterblieb.

Im Gesundheitssektor wurde 2008 eine Reform bei der Pflegeversicherung auf den Weg gebracht, die erweiterte Leistungen und eine Beitragserhöhung um 0,25% beinhaltete. Im Rahmen einer Gesundheitsreform beschloss die schwarz-rote Bundesregierung überdies einen steuerbezuschussten Gesundheitsfonds, mit dem die zukunftssichere Finanzierung der gesetzlichen Krankenversicherung gewährleistet werden sollte. Deren paritätisches Finanzierungsprinzip erfuhr damit jedoch eine weitere Lockerung.

Zum Jahresbeginn 2007 erhöhte die große Koalition die Mehrwertsteuer von 16% auf 19%. Gleichzeitig wurde die Einkommenssteuer für sehr hohe Einkommen um 3% auf 45% angehoben – eine Maßnahme, die Experten überwiegend als eher symbolisch bewerteten. Im Dezember 2008 verabschiedete man eine Erbschaftssteuerreform, die laut dem Armutsforscher Christoph Butterwegge (2012) einen verteilungspolitischen Skandal darstellte, weil sie besonders die Wohlhabendsten begünstigte.[71] Im Zuge der weltweiten Finanzkrise rückte die Regierung von ihrem erklärten Sparkurs ab; sie vergab wiederholt großzügige Finanzzusagen, übernahm privatwirtschaftliche Schulden, verstaatlichte eine Bank und startete milliardenschwere Konjunkturprogramme.[72]

---

69 Schmid 2010. S. 113
70 Deutscher Bundestag 2008, Drucksache 16/9746, S. 2
   http://dip21.bundestag.de/dip21/btd/16/097/1609746.pdf
71 Vgl. Butterwegge 2012, S. 238
72 Boeckh / Huster / Benz 2011, S. 127

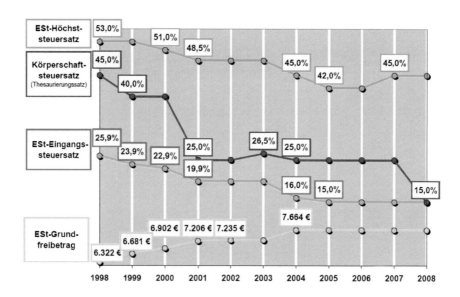

Abbildung 1: Entwicklung der Steuersätze bei Einkommen- und Körperschaftssteuer sowie des Grundfreibetrags seit 1998. Anm.: Der Einkommensteuer-Höchststeuersatz galt 2007 nicht für Gewinneinkünfte. Quelle: Bundesministerium der Finanzen 2007[73]

Die Bundestagswahl 2009 ergab eine neue Regierungskoalition aus CDU, CSU und FDP, Bundeskanzlerin blieb Angela Merkel. Die neuen Regierungsparteien stellten ihre Zusammenarbeit unter das Motto „Wachstum, Bildung, Zusammenhalt". Mit dem Wachstumsbeschleunigungsgesetz wurde noch im Dezember 2009 der steuerliche Kinderfreibetrag von 6024 Euro auf 7008 Euro angehoben und das Kindergeld ab 2010 um 20 Euro pro Kind erhöht. Von ersterem profitieren eher einkommensstarke Familien, von der Kindergelderhöhung alle bis auf die Gruppe der Hartz IV-Empfänger. Das Gesetz enthielt auch Änderungen bei der Erbschaftssteuer. Für Geschwister und Geschwisterkinder wurde der Steuersatz gesenkt; Erben von Unternehmen brauchten ab 2010 ebenfalls weniger Erbschaftssteuer zu entrichten. Zudem erfolgten mit dem Wachstumsbeschleunigungsgesetz eine diskussionswürdige Senkung der Umsatzsteuer

73 http://www.bundesfinanzministerium.de/nn_54/DE/Wirtschaft__und__Verwaltung/Steuern/Steuerrefo rm/Grafische__Darstellungen__und__internationale__Vergleiche/001__1,templateId=raw,property=p ublicationFile.pdf

für Hotelübernachtungen von 19% auf 7% und andere steuerliche Entlastungen zur Beschleunigung des Wirtschaftswachstums.[74]

In der Arbeitsmarktpolitik verlängerte man einmal mehr die Sonderregelungen zur Kurzarbeit. Beim Arbeitslosengeld II erhöhte die Bundesregierung die Freibeträge für die Altersvorsorge von bislang 250 auf 750 Euro pro Lebensjahr. Für Kinder und Jugendliche aus einkommensschwachen Familien wurde 2011 ein „Bildungs- und Teilhabepaket" eingerichtet. Dafür kam es zum Wegfall des Übergangszuschlags, der zur Abmilderung des Übergangs vom Arbeitslosengeld I zum Arbeitslosengeld II gedacht war. Ebenso sind Bezieher von Leistungen nach dem SGB II nicht länger in der gesetzlichen Rentenversicherung pflichtversichert. Eine substanzielle Entscheidung des Bundesverfassungsgerichts sorgte vor einiger Zeit dafür, dass der Regelbedarf für Bezieher von Sozialhilfe oder Arbeitslosengeld II vom Gesetzgeber neu berechnet werden musste. Dies geschieht seit Frühjahr 2011 nach dem neuen Regelbedarfs-Ermittlungsgesetz. Für 2012 beträgt der normale Regelsatz monatlich 374 Euro.

Das Elterngeld wurde von 67% auf 65% des letzten Nettogehalts verringert und der Anspruch für Familien mit einem Jahreseinkommen von über 500000 Euro gestrichen. Hartz-IV-Empfängern wird das Elterngeld seit 2011 komplett vorenthalten bzw. zu 100% auf die Transferleistung angerechnet. Ein Schritt, der wie die überwiegende Mehrzahl der schwarz-gelben Reformbemühungen in der 17. Legislaturperiode, zu einer Verschlechterung der Einkommenslage ärmerer Menschen im Land beitrug.

Die in diesem Kapitel zusammengefassten politischen Vorgänge zeigen – trotz ihrer Unvollständigkeit – eine gewisse Dynamik auf und verdeutlichen, dass die Logik hinter den gegenwärtigen Spar-, Umbau und Kürzungspolitiken in der BRD nicht als die Logik einer einzelnen Partei oder der politischen Verbindung bestimmter Parteien betrachtet werden kann. Fakt ist zwar, dass mit der rot-grünen Koalition nach 1998 richtungsweisende Reformen eingeleitet wurden, aber keine der unterschiedlich zusammengesetzten Nachfolgeregierungen wich von der damit in der Sozialpolitik eingeschlagenen Richtung ab oder stellte diese in irgendeiner Form in Frage. Stattdessen wurde und wird der Weg der neu interpretierten Sozialstaatlichkeit politisch konsequent weiterverfolgt. Derzeit ist nicht in Sicht, „dass die mit den Hartz-Reformen

---

74 Vgl. http://www.bundesregierung.de/Content/DE/Artikel/2009/12/2009-12-04-wachstumsbeschleunigungsgesetz-bundestag.html

vollendete Neuausrichtung [...] von einer kritischen Masse machtvoller politischer Akteure grundlegend in Frage gestellt und revidiert würde."[75]

Rückblickend lassen sich seit Ende der 90er Jahre generelle Muster beim Umbau des deutschen Sozialstaats erkennen; zehn zentrale Trends, die von Bäcker et al. (2008) identifiziert worden sind und die veranschaulichen, wie sich die Grundprinzipien des Sozialstaatsmodells verschoben bzw. gewandelt haben. Erstens ist eine Vermarktlichung der Sozialpolitik durch einen Abbau der staatlichen und einen Ausbau der privaten Sicherung, insbes. im Bereich der Rentenversicherung, wahrnehmbar. Zweitens eine Vermischung der Prinzipien von gesetzlicher und privater Versicherung. So habe z.B. durch Basistarife und Einführung einer Versicherungspflicht die staatliche Regulierung in der privaten Krankenversicherung zugenommen, während typische Elemente der Privatversicherung die modernisierte Sozialversicherung prägten und Elemente des Solidarausgleichs zunehmend zurückgenommen würden.[76] Drittens ist eine sukzessive Verschärfung des Wettbewerbs zwischen den Leistungsanbietern im Sozialen zu beobachten. Kommunen und Sozialversicherungsträger ziehen sich beispielsweise mehr und mehr aus der direkten Erbringung sozialer Dienstleistungen zurück und übertragen die Aufgaben privaten Anbietern. Neue Vergabe und Finanzierungsverfahren sorgen dabei für einen scharfen Preiswettbewerb. Viertens erfolgt ein schrittweiser Rückzug der Arbeitgeber aus der Finanzierung der sozialen Sicherung. Fünftens führten Eingriffe des Gesetzgebers zu einem Bedeutungsverlust der Selbstverwaltungsorgane in der Sozialversicherung. Das Modell der korporatistischen Sozialpolitik verlöre zukünftig tendenziell noch weiter an Bedeutung.[77] Sechstens ist die Re-Kommodifizierung der Arbeitskraft, die forcierte Aktivierung und Beschäftigungsförderung, als ein zentraler sozialpolitischer Trend hervorzuheben. Siebtens benennen Bäcker et al. (2008) den Ausbau der fürsorgerechtlichen Leistungen, der mit der Umsetzung von Hartz IV und verschiedenen, strikten Kürzungsmaßnahmen einherging. Achtens ist die signifikante Ausweitung des Niedriglohnsektors und prekärer Beschäftigungsverhältnisse in der Bundesrepublik ein Merkmal für die Verschiebung sozialpolitischer Prioritäten. Neuntens lässt sich ein langsamer Wandel des Modells der Versorgerehe feststellen. Zehntens setzt sich eine investive Sozialpolitik bei der Förderung von Bildung und Erziehung durch. So sollen Risiken unzureichender schulischer und beruflicher

---

75 Mohr 2009, S. 59
76 Bäcker, Gerhard et al. (2008): Sozialpolitik und soziale Lage in Deutschland. Band 1: Grundlagen, Arbeit, Einkommen und Finanzierung; Wiesbaden (4. Aufl.), S. 78
77 Vgl. ebd.

Qualifikation bei nachwachsenden Generationen vermindert und gleichermaßen die Vereinbarkeit von Beruf und Familie verbessert werden.

Sozialpolitik ist traditionell in vielerlei Hinsicht an volkswirtschaftliche Entwicklungen gekoppelt; seit jeher vollzieht sich nicht nur in der Bundesrepublik eine wechselseitige Einflussnahme zwischen dem Apparat der sozialen Sicherung und den Strukturen des ökonomischen Systems. Aktuelle Wirtschaftsprozesse setzen nationale Regierungen allerdings beständig unter Druck, Steuern und Sozialabgaben für Unternehmen niedrig zu halten, um im internationalen Vergleich als Wirtschaftsstandort attraktiv zu bleiben: „Steuer-, Finanz-, Arbeitsmarkt- und Sozialsysteme der Staaten sehen sich einem ständigen 'Benchmarking-Prozess' ausgesetzt, der ihre Tauglichkeit im internationalen Standortwettbewerb prüft."[78] Ein Umstand, der hierzulande in der Politik der letzten Jahre zweifellos zum Ausdruck kommt.

Zu beachten ist darüber hinaus die fortschreitende EU-isierung, welche auch für die Sozialpolitik in Deutschland eine vermehrte Konfrontation mit Interessen, Werten und Zielen europäischer Nachbarstaaten bedeutet. Nach Karin Scherschel und Melanie Booth (2012) fand der Paradigmenwechsel zu einer workfare-orientierten Arbeitsmarkt- und Sozialpolitik in der Bundesrepublik im europäischen Ländervergleich sogar erst relativ spät statt.[79] Überstaatliche Akteure wie OECD und EU propagierten davor bereits seit Jahren eine Ausrichtung der Arbeitsmarktpolitik auf Aktivierung der Erwerbslosen. 1996 übte dazu die US-amerikanische „Welfare-Reform" der New Democrats starken Einfluss auf die Reformpolitik in Europa aus.[80] Boeckh / Huster / Benz (2011) und Schmid (2010) weisen ebenfalls darauf hin, dass die Erweiterung der EU und eine immer engere Verzahnung der EU-Mitgliedsstaaten ein wachsendes Maß an supranationaler Einflussnahme auf sozialpolitisches Handeln in Deutschland zur Folge haben.[81]

78 Bäcker et al. 2008, S. 75
79 Vgl. Scherschel / Booth 2012, S. 17
80 Vgl. Mohr 2009, S. 57
81 Vgl. Schmid 2010, S. 73 ff.; Boeckh / Huster / Benz 2011, S. 150 f., S. 373 ff.

2. Veränderungen der sozialen Lage in der BRD

2.1 Die Entwicklung von Armut und sozialer Ungleichheit in der Bundesrepublik seit der Jahrtausendwende

Die Frage nach der Existenz und Verbreitung von Armut in Deutschland bzw. in den Wohlstandsländern allgemein hat in den letzten Jahrzehnten einen spürbaren Bedeutungszuwachs erlebt und erscheint hierzulande besonders seit dem Jahrtausendwechsel omnipräsent. Gerade in einem reichen Staat, der sich prinzipiell als Sozialstaat definiert, stellt Armut ab einem gewissen Ausmaß „das Wirtschafts- und Sozialsystem in Frage und gefährdet die politische und soziale Legitimation".[82] In einem Sozialstaat wie der BRD muss das Vorhandensein von Armen unter der Bevölkerung eigentlich als „Verfehlung eines wichtigen sozialpolitischen Ziels" bewertet werden.[83]

Dabei stellt die adäquate Erfassung von Armut und Reichtum in modernen Wohlstandsgesellschaften Forscher immer noch vor Schwierigkeiten. Um die quantitativen Dimensionen von Armut und die betroffenen Personengruppen in einer Region empirisch-statistisch aufzeigen zu können, sind vor allem klare, allgemein gültige Armutskriterien notwendig. Bei der Suche nach diesen Kriterien kann jedoch nicht nur auf objektive Daten zurückgegriffen werden, wie Bäcker et al. (2008) betonen; die Bestimmung von Armut hängt weniger von statistisch erhobenen Fakten, als vielmehr von normativen Entscheidungen ab.[84]

Armut wird derzeit in den Industrieländern überwiegend als relative Einkommensarmut definiert. Diese Armutsdefinition steht in Relation zur aktuellen Wohlstandsverteilung der Gesamtbevölkerung eines Landes oder einer Region und bezieht sich stärker auf soziale Ungleichheit als auf Armut im eigentlichen Sinne. Armut wird hierbei als ein Mangel an ökonomischen Mitteln (Einkommen) verstanden, der dazu führt, dass eine Teilhabe am gesellschaftlichen Leben nicht ausreichend gewährleistet ist. In sämtlichen Industriestaaten setzt das Einkommen den Rahmen für den Lebensstandard, ist also

---

82 Bäcker et al. 2008, S. 356
83 Hauser, Richard (2012): „Das Maß der Armut: Armutsgrenzen im sozialstaatlichen Kontext – Der sozialstatistische Diskurs" In: Huster, Ernst-Ulrich / Boeckh, Jürgen / Mogge-Grotjahn, Hildegard (Hrsg.): Handbuch Armut und soziale Ausgrenzung; Wiesbaden (2. Aufl.), S. 122
84 Vgl. ebd., S. 357

zentrale Ressource, auch wenn der Handlungsspielraum von Personen und Haushalten daneben durch weitere wichtige Faktoren (z.B. Vermögen, Zeit, soziale Netzwerke) beeinflusst wird. Der sog. Ressourcenansatz ist ein grundlegender und gegenwärtig weit verbreiteter Ansatz zur Armutsmessung. Ein anderes Konzept, der Lebenslagenansatz, versucht indessen, die Lebenssituation von Menschen möglichst ganzheitlich zu erfassen.

Bis heute gilt allerdings generell, dass sich bei der methodischen Erfassung von Armut vieles als nicht hinreichend messbar erweist, unberücksichtigt bleibt und lediglich durch Messbares angenähert werden kann. Darüber hinaus ergeben sich hier diverse Werturteilsprobleme, die quasi alle Ergebnisse ein Stück weit angreifbar machen.[85] Der Ökonom Richard Hauser (2012) erklärt das momentan typische Vorgehen bei der Armutsmessung folgendermaßen: „Die Messung von Armut erfordert drei Schritte: Zuerst muss eine Armutsgrenze konzeptionell bestimmt werden. Dann kann sie in einem zweiten Schritt mit statistisch erhobenen Fakten quantifiziert werden. Danach ist es in einem dritten Schritt möglich, das Ausmaß von Armut in einer Gesellschaft zu einem bestimmten Zeitpunkt zu ermitteln."[86]

Da der Begriff der relativen Armut im Gegensatz zu dem der absoluten Armut nicht statisch ist, ergeben sich zahlreiche Möglichkeiten, den Grad der als solche anerkannten Armut zu beeinflussen. Eine zu starke Eingrenzung relativiert dabei das Problem und verschleiert reale soziale Verhältnisse, eine zu breite Auslegung des Armutsbegriffs birgt dagegen die Gefahr, dass der Blick von den wirklich Betroffenen abrückt. In der regulären Verteilungs- und Armutsforschung wird die Armutsgrenze üblicherweise bei 50% oder 60% des Durchschnittseinkommens (Medianwert oder arithmetisches Mittel) angesetzt, wobei hin und wieder auch andere Schwellenwerte Verwendung finden.[87] Um eine Vergleichbarkeit der Einkommen von Haushalten unterschiedlicher Größe und Zusammensetzung herzustellen, berechnet man Armut anhand bedarfsgewichteter Prokopfeinkommen (sog. Nettoäquivalenzeinkommen), die Kostenersparnisse sowie altersbezogene Bedarfsabweichungen in Mehrpersonenhaushalten berücksichtigen. Mittlerweile hat sich diesbezüglich die neue Skala der OECD durchgesetzt, welche für die erste Person im Haushalt den vollen Bedarf vorsieht, für weitere Erwachsene oder Jugendliche den halben und für Kinder bis 14 Jahre annähernd ein Drittel veranschlägt (1,0 : 0,5 : 0,3). Außerdem ist zu beachten, dass dem Entstehen, der Verfestigung und

---

85 Vgl. Hauser 2012, S. 123
86 Ebd., S. 124
87 Vgl. Kenworthy, Lane (2011): Progress for the Poor; Oxford, New York, Kap. 1, S. 2; Bäcker et al. 2008, S. 359 f.

dem Verschwinden von Armutslagen durchweg soziale Prozesse zugrunde liegen. Deshalb befassen sich Längsschnittanalysen mit Dauer und Gründen individueller Armutsverläufe, auf die in der vorliegenden Arbeit aber aus Relevanzgründen nicht näher eingegangen werden soll.

Während man absolute Armut in Deutschland und den führenden Industrienationen schon lange als weitestgehend überwunden betrachtet, stellt die Verringerung von relativer Armut und der damit verbundenen sozialen Ausgrenzung in diesen Ländern eine wesentliche sozialpolitische Aufgabe unserer Zeit dar. So haben sich z.B. die Mitgliedsstaaten der EU zu einer gemeinsamen Strategie der Armutsbekämpfung verpflichtet.[88]

In der Bundesrepublik fand etwa mit der Jahrtausendwende ein merklicher Richtungswechsel im öffentlich-politischen Armutsdiskurs statt. 2001 wurde mit dem ersten Armuts- und Reichtumsbericht der Bundesregierung ein regierungsamtliches Dokument veröffentlicht, mit dem die weitläufige Auseinandersetzung um Armut und Reichtum offiziell „versachlicht und enttabuisiert" und „ein differenziertes Bild über die soziale Lage in Deutschland" gegeben werden sollte.[89] Der Bericht sprach sich selbst die Funktion einer ersten Bestandsaufnahme zu, auf deren Grundlage die Ankündigung einer Politik der zielgerichteten Armutsbekämpfung erfolgte. Kern dieser Politik bildeten verschiedene Maßnahmen zur Verbesserung der Rahmenbedingungen für wirtschaftliches Wachstum und mehr Beschäftigung in der BRD, denn dies sei, so die Verfasser, „der beste Weg zu weniger Armut".[90] Neueste Studien zeigen aber, dass wirtschaftliches Wachstum in Wohlstandsländern nicht automatisch den ärmeren Bevölkerungsschichten hilft. Es scheint sogar so, dass „... the poverty-reducing impact of economic growth diminishes as nations get richer, with less of the growth trickling down to the poor in the form of new jobs and higher wages".[91] Ein positiver Effekt tritt laut Kenworthy (2011) für die Ärmsten in solchen Nationen praktisch nur dann ein, wenn parallel zum ökonomischen Wachstum auch sozialpolitisch entsprechende Voraussetzungen geschaffen werden, unter anderem in Form von gleichzeitiger

---

88 Vgl. z.B. Bäcker et al. 2008, S. 369
89 Deutscher Bundestag (2001): Lebenslagen in Deutschland – Erster Armuts- und Reichtumsbericht; Berlin, Bonn (Drucksache 14/5990), S. 10
90 Ebd., S. 144
91 Kenworthy 2011, S. 5

Ausdehnung staatlicher Transferleistungen, infrastruktureller Steigerungen und / oder Konsumkraft-erhöhender Steuerentlastungen.[92]

Die die Bemühungen um Wirtschaftswachstum und steigende Beschäftigung begleitenden Handlungen der Bundesregierung weisen insgesamt klar auf einen anderen Kurs hin: „In nahezu allen Bereichen des Systems der sozialen Sicherung ist bis auf einzelne Ausnahmen das Leistungsrecht in den zurückliegenden Jahren verschlechtert worden."[93] Von der Steuerpolitik im neuen Jahrtausend profitierten bislang ebenfalls zweifelsfrei nicht die Einkommensschwächsten. Inwieweit gelang es den letzten drei Regierungskoalitionen mit ihrer (weitgehend identischen) Vorgehensweise tatsächlich, Armut zu bekämpfen und die soziale Integration der Bevölkerung zu verbessern? Zur Beantwortung dieser Frage soll in den folgenden Abschnitten zusammengefasst werden, wie sich Armut und soziale Ungleichheit in Deutschland seit der Jahrtausendwende entwickelt haben.

Die Armutsquoten oder Armutsrisikoquoten, die den prozentualen Anteil der Bürger mit einem Einkommen unterhalb der Armutsgrenze bzw. Armutsrisikogrenze abbilden, variieren je nach Datengrundlage und methodischer Auslegung erheblich. Die lange vom Deutschen Institut für Wirtschaftsforschung (DIW) errechnete Armutsrisikoquote auf Basis des sozioökonomischen Panels (SOEP) bezieht sich beispielsweise auf 60% des jährlichen Medianeinkommens (60% des mittleren Nettoäquivalenzeinkommens) und stieg von 1999 bis 2005 für das gesamte Bundesgebiet kontinuierlich von ca. 12% auf ca. 18% an.[94] Während das SOEP die Armutsrisikoschwelle in der BRD im Jahr 2005 bei 880 Euro verortete, ergaben die Daten der EU-SILC[95] für 2005 eine Armutsrisikoschwelle von 781 Euro (ebenso 60% des jahresweise erhobenen mittleren Nettoäquivalenzeinkommens) und eine Armutsrisikoquote von rund 13% – ein deutlicher Unterschied. Der Mikrozensus, eine repräsentative Haushaltsbefragung der statistischen Ämter in Deutschland, bringt wiederum etwas andere Ergebnisse hervor. Die aus dem Mikrozensus hergeleitete amtliche Armutsrisikoquote lag 2005 für Gesamtdeutschland bei knapp 15%, gleichermaßen gemessen am statistisch bestimmten Bundesmedian. Auffällig ist, dass die vom Statistischen Bundesamt anhand des

---

92 Vgl. Kenworthy 2011, Kap. 1, S. 2 ff.
93 Bäcker et al. 2008, S. 155
94 Vgl. Deutscher Bundestag (2008): Lebenslagen in Deutschland – Dritter Armuts- und Reichtumsbericht; Berlin, Köln (Drucksache 16/9915), S. 184
95 European Union Statistics on Income and Living Conditions (Leben in Europa); seit 2005 die Standarddatenquelle zur Erfassung von Armut und Lebenssituation in den EU-Mitgliedstaaten.

Mikrozensus berechnete Armutsgefährdungsquote in den vergangenen Jahren eine erstaunliche Konstanz aufwies; sie betrug 2005 14,7%, 2006 14,0%, 2007 14,3%, 2008 14,4%, 2009 14,6% und 2010 14,5%.[96] Demgegenüber lag die Armutsrisikoquote der EU-SILC 2005 noch bei ca. 13%, 2007 bereits bei 15,2%, 2008 bei 15,5% und 2009 bei 15,6%.[97] Das SOEP hat nach Aussagen des DIW im Jahr 2008 eine grundlegende Revision der Gewichtungsfaktoren und der Generierung von Einkommensinformationen vorgenommen und führt keine unrevidierten Ergebnisse mehr fort. Dies habe zu einem niedrigeren Niveau beim Armutsrisiko geführt, wenngleich der langjährige Trend des signifikanten Zuwachses in der Armutsrisikoquote erhalten geblieben sei.[98]

Im „Datenreport 2011", einer Gemeinschaftsveröffentlichung mehrerer deutscher Institutionen, werden zudem auf Grundlage monatlicher Haushaltsnettoeinkommen für die Jahre 1997, 2001, 2005 und 2009 Armutsquoten von 10,4%, 11,0%, 12,6% und 12,3% (SOEP-Daten, gesamtes Bundesgebiet, Armutsschwelle ebenfalls 60% des Medianwerts) angegeben.[99] Die Autoren stellten fest, dass relative Armut und Niedrigeinkommen im Vergleich zu 2001 in der BRD enorm angestiegen sind. „Zugleich haben sich die Einkommen der Armen immer weiter von der Armutsschwelle entfernt und die Intensität der Armut hat sich erhöht."[100] Zur Zeit setze sich der Trend jedoch zumindest nicht mehr fort, Armuts- und Ungleichheitsziffern stagnierten, „auf allerdings höherem Niveau als noch in den beiden Dekaden zuvor".[101]

Die Abweichungen der Quoten erschweren sowohl eine klare, stimmige Interpretation als auch darauf aufbauende Aussagen über die allgemeine Armutsentwicklung im Bundesgebiet; dennoch ist im Zeitverlauf zweifellos ein Anstieg relativer Armut in der BRD zu erkennen. Unabhängig davon ist die Aussagekraft einer gesamtdeutschen Armutsquote begrenzt. Aufschlussreicher ist es, Armutsbetroffenheit nach Landesteilen, Bevölkerungsgruppen und Haushaltsmerkmalen zu analysieren.

---

96 Quelle: Statistisches Bundesamt
    https://www.destatis.de/DE/ZahlenFakten/GesellschaftStaat/Soziales/Sozialberichterstattung/Tabellen/
    ArmutsgefaehrdungsquoteBL_Bundesmedian.html
97 Quelle: Statistisches Bundesamt
    https://www.destatis.de/DE/ZahlenFakten/GesellschaftStaat/EinkommenKonsumLebensbedingungen/
    LebensbedingungenArmutsgefaehrdung/Tabellen/EUArmutsschwelleGefaehrdung_SILC.html
98 Aus der Antwort auf eine von mir gestellte E-Mail-Anfrage im Juni 2012.
99 Vgl. Statistisches Bundesamt / Wissenschaftszentrum Berlin für Sozialforschung (Hrsg.): Datenreport
    2011 – Ein Sozialbericht für die Bundesrepublik Deutschland; Bonn, S. 165
100 Goebel, Jan / Habich, Roland / Krause, Peter (2011): „Einkommen – Verteilung, Angleichung, Armut
    und Dynamik" In: Statistisches Bundesamt / Wissenschaftszentrum Berlin für Sozialforschung
    (Hrsg.): Datenreport 2011 – Ein Sozialbericht für die Bundesrepublik Deutschland; Bonn, S. 165
101 Ebd.

Laut wissenschaftlichen Erhebungen sind in der Bundesrepublik durchgehend arbeitslose Menschen, jüngere Erwachsene in der Ausbildungsphase, Personen mit niedrigem Bildungsstatus, Alleinerziehende (bzw. Einelternhaushalte) sowie Migranten überproportional armutsgefährdet. Im Vergleich zur übrigen Bevölkerung müssen diese Gruppen sehr häufig unter schlechten Bedingungen leben (wie z.b. Wohnungsmängel, Lärm, Kriminalität, verschmutzte Umwelt), ihr soziales Leben einschränken und auf eine vollwertige, gesunde Ernährung verzichten.[102] Ein erhöhtes Armutsrisiko haben in Deutschland auch Kinder und Jugendliche. Desweiteren ist die Armutssituation je nach Bundesland respektive je nach Region verhältnismäßig unterschiedlich.

Die Armutsrisikoquote für arbeitslose Bundesbürger (im erwerbsfähigen Alter) betrug gemäß „Datenreport 2006" bereits im Jahr 1997 30,6%. 2004 war sie auf 42,1% angestiegen, 2007 auf 56,8%, 2008 auf 62,0% („Datenreport 2011").[103] Demnach hat sich das statistische Armutsrisiko für Arbeitslose in der Bundesrepublik innerhalb von elf Jahren ungefähr verdoppelt. Auf Datenbasis des SOEP stellten sie in der Dreijahresperiode 2007-2009 mit durchschnittlich 53,3% in Gesamtdeutschland und 63,7% in Ostdeutschland (Mittelwerte) eindeutig die Bevölkerungsgruppe mit der höchsten Armutsbetroffenheit dar.[104] Die Mittelwerte zur Dreijahresperiode 2000-2002 lagen hier noch bei 37,6% und 41,5% (Armutsrisiko für Arbeitslose in der BRD insgesamt und im Beitrittsgebiet).[105] Die Armutsgefährdung arbeitsloser Menschen erwerbsfähigen Alters im Land ist also seit dem Jahrtausendwechsel definitiv extrem angewachsen und bis heute in den neuen Bundesländern stärker ausgeprägt.

Generell ist das Problem relativer Armut in Ostdeutschland größer: „In den Jahren 2000 bis 2002 lag die Armutsquote im Osten mit 14,8% etwa drei Prozentpunkte über dem gesamtdeutschen Niveau; in den Jahren 2007 bis 2009 liegt die Quote bei 18,8% und somit um sechs Prozentpunkte über dem Durchschnitt."[106] Gründe dafür sind unter anderem höhere Arbeitslosigkeit, niedrigere Löhne, ein noch immer bestehender wirtschaftlicher Rückstand sowie vermutlich auch insgesamt geringere Vermögenswerte in der dort beheimateten Bevölkerung. Gerade der Einkommen-generierende Effekt

102 Vgl. u.a. Deckl, Silvia (2011): „Armutsgefährdung und soziale Ausgrenzung" In: Statistisches Bundesamt / Wissenschaftszentrum Berlin für Sozialforschung (Hrsg.): Datenreport 2011 – Ein Sozialbericht für die Bundesrepublik Deutschland; Bonn, S. 158 ff.
103 Angaben aus „Datenreport 2011", S. 154 sowie aus „Datenreport 2006" (Auszüge in Bäcker et al. 2008, S. 362)
104 Vgl. Goebel / Habich / Krause 2011, S. 168; Armutsschwelle auch hier 60% des Medianwerts
105 Ebd.
106 Goebel / Habich / Krause 2011, S. 167; Mittelwerte, Armutsschwelle 60% des Medianwerts, die Kennziffern beziehen sich auf die Verteilung monatlicher Haushaltsnettoeinkommen.

gewisser Vermögenswerte (z.B. in Form von Zinsen, Dividenden, Mieterträgen, etc.) sollte nicht unterschätzt werden.

Amtliche Statistiken zeigen im Bundesgebiet seit Jahren eine besonders hohes Armutsrisiko von Alleinerziehenden in sog. Einelternhaushalten auf. 1997 wurde die Armutsgefährdung für Einelternhaushalte nach Zahlung staatlicher Sozialleistungen mit 37,2%, 2004 mit 35,8% beziffert. 2007 betrug die Armutsquote für Alleinerziehende 35,9%, 2008 37,5%.[107] Der statistische Armutsschwellenwert von 60% des Medians des Gesamtbevölkerungsäquivalenzeinkommens entsprach 2007 und 2008 monatlichen Beträgen von ca. 916 und 929 Euro.[108] Daraus ergeben sich der neuen OECD-Skala zufolge für Alleinerziehende mit einem Kind bis 14 Jahre Armutsschwellen von rund 1191 Euro (2007) und 1208 Euro (2008). Elternteile, die mit ihrem jugendlichen Sohn oder ihrer jugendlichen Tochter zusammenleben, galten demgemäß 2007 / 2008 in der BRD als armutsgefährdet, wenn sie monatlich weniger als 1347 Euro / 1394 Euro zur Verfügung hatten.[109] Im Vergleich von Mittelwerten aus Dreijahresperioden (basierend auf SOEP-Daten) wird deutlich, dass das Armutsrisiko insbes. für Einelternhaushalte mit einem Kind zugenommen hat. Aufgrund methodischer Unterschiede fallen die von Goebel / Habich / Krause (2011) dargelegten Kennziffern etwas anders aus und weisen eine andere Dynamik auf. Man beachte auch, dass sich die Angaben ausschließlich auf Alleinerziehende mit nur einem Kind beziehen (die anfangs genannten Prozentzahlen umfassten Elternteile mit einem oder mehren Kindern). 2000-2002 hatten diese in der Bundesrepublik ein Armutsrisiko von 26,7%, 2007-2009 von 36,4%; in Ostdeutschland ist die Quote von 37,2% auf 47,5% angestiegen.[110] Einem landesweiten Zuwachs von knapp 10% steht im Osten eine anhaltend fast 10% höhere Armutsquote gegenüber. Ein separater Blick auf Einelternhaushalte mit mehren Kindern offenbart dagegen einen nicht unerheblichen Rückgang relativer Einkommensarmut, welche 2007-2009 noch mit 30,4% ausgewiesen wird (Gesamtdeutschland).[111] Dadurch erklärt sich der insgesamt eher geringe Anstieg der Armutsquote für Alleinerziehende im Bundesgebiet.

Daneben hat sich, nach Datenlage des SOEP, die statistische Armutsgefährdung von Paarhaushalten mit einem Kind in Deutschland seit 2000 im Trend leicht erhöht, bei

---

107 Angaben aus „Datenreport 2011", S. 154 sowie aus „Datenreport 2006" (Auszüge in Bäcker et al. 2008, S. 364)
108 Vgl. Deckl 2011, S. 154
109 Ergebnisse eigener Berechnungen.
110 Vgl. Goebel / Habich / Krause 2011, S. 169; Armutsschwelle 60% des Medianwerts, die Kennziffern beziehen sich auf die Verteilung monatlicher Haushaltsnettoeinkommen.
111 Vgl. ebd.

kinderreicheren Familien ist sie indessen abgesunken; im Westen lebten im Zeitraum 2007-2009 trotzdem nahezu ein Fünftel, im Osten über ein Viertel der Familien mit drei oder mehr Kindern in relativer Armut.[112] Offensichtlich wirkten die zwischenzeitlich erfolgten familienpolitischen Maßnahmen in vielen Fällen bis dato nicht signifikant armutsreduzierend.

Für 2005 wurde auf Grundlage der EU-SILC für Kinder bis 15 Jahre in der Bundesrepublik eine Armutsquote von ca. 12% ermittelt. Im gleichen Jahr war laut SOEP-basierenden Berechnungen „das Armutsrisiko von Kindern, anders als nach der europäischen Statistik, mit einem Unterschied von acht Prozentpunkten deutlich höher als in der Gesamtbevölkerung. Ihr Armutsrisiko ist danach zwischen 2002 und 2005 mit vier Prozentpunkten auch stärker gestiegen..."[113] – der geschickt formulierte Satz aus dem dritten Armuts- und Reichtumsbericht der Bundesregierung überlässt das Rechnen an dieser Stelle dem Leser. Bei einer allgemeinen Armutsquote von rund 13% ergibt sich 2005 für Kinder also ein Armutsrisiko von ca. 21%. Eine erstaunliche Abweichung, die der Bericht mit verschiedenen Erhebungsdesigns begründet. 2008 werden Kinder und Jugendliche von Bäcker et al. in der 4. Auflage ihres Werks „Sozialpolitik und soziale Lage in Deutschland" als eine „Problemgruppe der Armut" benannt.[114] Nach „Datenreport 2011" hat sich das erhöhte Risiko relativer Armut innerhalb der „Problemgruppe" seit einigen Jahren partiell von Kindern auf Jugendliche verschoben. Zumindest sei die Armutsgefährdung von Kindern im Alter bis zu zehn Jahren in der BRD rückläufig, während die Armut von Jugendlichen und jungen Erwachsenen bis 20 Jahre im Verlauf der letzten Dekade in beiden Landesteilen angewachsen sei. In der Dreijahresperiode 2007-2009 litten Personen von 21 bis 30 Jahren statistisch gesehen von allen Alterskategorien bundesweit am häufigsten unter unzureichenden Einkommensverhältnissen (18,3%), die Armutssituation der Personen von 11 bis 20 Jahre stellt sich statistisch ähnlich dar (18,1%).[115]

Ebenfalls überproportional von Armut betroffen sind Migranten. Auch wenn diese Gruppe in ihrer Zusammensetzung äußerst heterogen ist, belegen Statistiken, dass

---

112 Vgl. ebd.
113 Deutscher Bundestag (2008): Lebenslagen in Deutschland – Dritter Armuts- und Reichtumsbericht; Berlin, Köln (Drucksache 16/9915), S. 76
114 Bäcker et al. 2008, S. 363
115 Vgl. Goebel / Habich / Krause 2011, S. 167; Mittelwerte, Armutsschwelle 60% des Medianwerts, die Kennziffern beziehen sich auf die Verteilung monatlicher Haushaltsnettoeinkommen.

Ausländer bzw. Menschen mit Migrationshintergrund[116] in der BRD im Durchschnitt geringere Einkommen erlangen. Nach Daten des Mikrozensus waren im Jahr 2005 annähernd 15% der Gesamtbevölkerung armutsgefährdet. Bei den Personen mit Migrationshintergrund lag dieser Anteil mit über 28% beinahe doppelt so hoch.[117] Neuere Erhebungen kommen zu dem Ergebnis, dass Männer und Frauen mit Migrationshintergrund „unverändert einem doppelt so hohen Armutsrisiko ausgesetzt" sind wie die Ursprungsbevölkerung.[118]

Der Anteil von Migranten ist in der armutsbezogenen „Problemgruppe" der Personen mit niedrigem Bildungsstatus auffallend hoch; ebenso sind nach Angaben des dritten Armuts- und Reichtumsberichts Ausländer und Menschen mit Migrationshintergrund in Deutschland überdurchschnittlich oft arbeitslos.[119] Aktuelle Forschungserkenntnisse stimmen dahingegen überein, dass Erwerbstätigkeit und ein hohes Bildungsniveau am besten vor einer prekären Einkommenslage schützen.

Bei einer Auseinandersetzung mit dem Phänomen relativer Armut im Land ist auch die Entwicklung der Einkommensverteilung von Interesse. Ein fundiertes Wissen über die Einkommensverteilung in der Gesamtbevölkerung ist insbes. „sehr wichtig für eine effiziente und zielgerichtete Sozialpolitik".[120] Hinsichtlich der wissenschaftlichen Erfassung von Einkommensungleichheiten finden mehrere Methoden Verwendung. Der sog. Gini-Koeffizient, ein international gebräuchliches Verteilungsmaß, eignet sich als statistisches Konzentrationsmaß gut zur Veranschaulichung der Ungleichverteilung von Einkommen in Volkswirtschaften. Er kann grundsätzlich Werte zwischen 0 (= absolute Gleichverteilung) und 1 (= absolute Konzentrierung) annehmen. Bei der Berechnung des Gini-Koeffizienten wird die Ungleichheit in der Einkommensverteilung anhand sämtlicher Einzel-Nettoäquivalenzeinkommen einer Personengruppe festgestellt. Der Gini-Koeffizient der Nettoäquivalenzeinkommen in der Bundesrepublik differiert entsprechend der verschiedenen Datengrundlagen.

Die auf Basis der neuen OECD-Skala mit den Ergebnissen des Mikrozensus berechneten Gini-Koeffizienten des Statistischen Bundesamts für die Jahre 2005 bis

---

116 Als Menschen mit Migrationshintergrund zählen in der Statistik in der Regel Migranten und ihre in Deutschland geborene Nachkommen sowie Spätaussiedler und eingebürgerte Ausländer.
117 Vgl. Deutscher Bundestag (2008): Lebenslagen in Deutschland – Dritter Armuts- und Reichtumsbericht; Berlin, Köln (Drucksache 16/9915), S. 104
118 Goebel / Habich / Krause 2011, S. 168
119 Vgl. Deutscher Bundestag (2008): Lebenslagen in Deutschland – Dritter Armuts- und Reichtumsbericht; Berlin, Köln (Drucksache 16/9915), S. 108
120 Deckl 2011, S. 152

2010 betrugen fortlaufend 0,29.[121] Gemäß „Datenreport 2011" lag der Gini für die jahresbezogenen Haushaltsnettoeinkommen in der BRD 1997 bei 0,256, 2001 bei 0,260, 2005 bei 0,282 und 2009 bei 0,293 (neue OECD-Skala, SOEP-Daten); er weist hier folglich auf eine Zunahme der Ungleichheit realer Haushaltseinkommen hin.[122] Goebel / Habich / Krause (2011) konstatieren: „Die Ungleichheit der haushaltsbezogenen Markteinkommen wie auch der Nettoeinkommen blieb in den Jahren um die Jahrtausendwende auf einem hohen Niveau unverändert, um dann nochmals deutlich anzusteigen." Diese Entwicklung gehe nachweislich mit einer Veränderung der Einkommensschichtung einher. „Während die Bevölkerungsanteile am unteren und am oberen Ende der Einkommensschichtung zumindest in den letzten Jahren zunehmen, gehen die entsprechenden Anteile in den mittleren Schichten zurück."[123] Vor der beim DIW vorgenommenen Revision des SOEP wurden für die Jahre 2002, 2003, 2004 und 2005 Gini-Koeffizienten von ca. 0,29 (2002 und 2003), 0,30 (2004) sowie 0,32 (2005) angegeben.[124]

Für Gesamtdeutschland hat sich älteren SOEP-Statistiken zufolge der Anteil am totalen Nettoäquivalenzeinkommen für die untere Hälfte der erfassten Einkommensbezieher von 2002 bis 2005 von 30,4% auf 28,7% verringert. Die obersten Einkommensgruppen (die einkommensstärksten 20%) konnten dagegen zwischen 2002 und 2005 ihren Anteil am gesamten Nettoäquivalenzeinkommen noch ausweiten.[125] Stellt man sich das Ganze einmal als einen Kuchen vor, dann sieht es momentan so aus, dass sich die weniger begünstigte Hälfte der Menschen ein knappes Drittel davon teilen muss, währenddessen die Reicheren zusammen mehr als das Doppelte bekommen. Faktisch ist es sogar so, dass das reichste Zehntel der Gesellschaft ein Viertel des „Kuchens" für sich erhält – im Jahr 2005 fielen in der BRD statistisch betrachtet 24,9% des Einkommensvolumens auf das oberste Einkommensdezil.[126] Da man nicht davon ausgehen kann, dass Superreiche und extrem Arme (z.B. Obdachlose) statistisch ausreichend berücksichtigt werden, ist die tatsächliche Ungleichverteilung wohl eher noch höher.

Weitaus ungleichmäßiger verteilt ist das Nettovermögen in der Bundesrepublik (vgl. Abb. 2), wobei eine klare Korrelation zwischen Einkommen und Vermögen besteht –

---

121 http://www.amtliche-sozialberichterstattung.de/Tabellen/tabelleA3.html
122 Vgl. Statistisches Bundesamt / Wissenschaftszentrum Berlin für Sozialforschung (Hrsg.): Datenreport 2011 – Ein Sozialbericht für die Bundesrepublik Deutschland; Bonn, S. 163
123 Goebel / Habich / Krause 2011, S. 164
124 Vgl. Deutscher Bundestag (2008): Lebenslagen in Deutschland – Dritter Armuts- und Reichtumsbericht; Berlin, Köln (Drucksache 16/9915), S. 37
125 Vgl. ebd.; Äquivalenzgewichtung nach neuer OECD-Skala
126 Vgl. ebd.

Menschen mit geringem Einkommen haben weniger Vermögen als Schulden. 2007 lag der Gini-Koeffizient für die Nettovermögensverteilung innerhalb der deutschen Bevölkerung bei 0,8.[127] Die Vermögensungleichheit hat gegenüber 2002 zugenommen, über 60% des Gesamtvermögens befindet sich inzwischen in Besitz des reichsten Dezils der Staatsangehörigen.

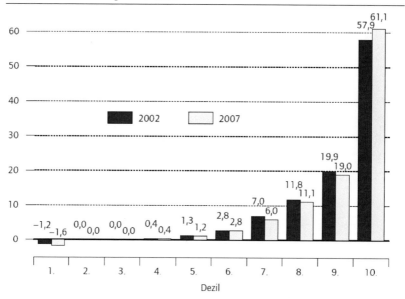

Individuelles[1] Nettovermögen nach Dezilen in Deutschland 2002 und 2007

Anteil am Gesamtvermögen in Prozent

1 Personen in privaten Haushalten im Alter ab 17 Jahren.

Abbildung 2: Vermögensverteilung in der BRD 2002 und 2007. Ausschließlich die reichsten 10% der Bundesbürger haben dazugewonnen, die anderen Gruppen erfuhren entweder keine Veränderung oder haben Vermögen verloren. Berechnungen des DIW mit SOEP-Daten. Quelle: DIW 2009[128]

---

127 DIW (2009): „Gestiegene Vermögensungleichheit in Deutschland" In: Wochenbericht des DIW Berlin Nr. 4/2009, S. 59
  http://www.diw.de/documents/publikationen/73/93785/09-4-1.pdf
128 Ebd., zuvor angegebener Link

Lane Kenworthy (2011) betont, dass eine Fokussierung auf relative Armut und soziale Ungleichheit nicht genügt; er empfiehlt (im Hinblick auf die Armutsbekämpfung in Wohlstandsgesellschaften) im ersten Schritt den absoluten Lebensstandard Armer stetig anzuheben („raise the floor"), da zunehmende Ungleichheit in Industrienationen absolut gesehen nicht zwangsläufig einen Anstieg der Armut bedeuten muss. Jedoch sei bei insgesamt wachsendem Wohlstand einer reichen Nation ein gleichzeitiges Stagnieren der Lebensstandards unterer Einkommensschichten kaum moralisch zu rechtfertigen.[129] Es gestaltet sich leider ausgesprochen aufwendig und schwierig, die Entwicklung der absoluten Lebensstandards ärmerer Bevölkerungsgruppen in der Bundesrepublik zu bewerten. Mir ist daher im gegebenen Rahmen lediglich eine grobe Annäherung in einigen wenigen Punkten möglich.

Trotz allgemeinen Nahrungsüberflusses ist die Ernährungssituation Armer seit Jahren in Deutschland unverändert schlecht, was zahlreiche ältere wie neuere Untersuchungen beweisen. So hat z.B. das Forschungsinstitut für Kinderernährung (FKE) in Dortmund „in einer 2007 veröffentlichten Studie errechnet, dass sich allein mit dem für Essen und Trinken vorgesehenen Anteil der Hartz IV-Regelleistungen weder für Kinder noch für Erwachsene eine gesunde Verpflegung verwirklichen lässt."[130] In seinem 1998 in Frankfurt erschienen Buch „Über den Monat am Ende des Geldes" kommt der Sozialwissenschaftler Rainer Roth zu dem Schluss, dass Sozialhilfebezug im Normalfall mit beträchtlichen Einschränkungen bei der Ernährung verbunden ist. Eva Barlösius und andere (1995) beschreiben die Ernährungslage Armer in der BRD vor fast zwei Jahrzehnten ebenfalls ähnlich wie gegenwärtige Studien.[131] Bezeichnend ist, dass längere Armutsphasen die Betroffenen bis heute zu ungesunden Ernährungsweisen zwingen. Laut EU-SILC-Ergebnissen in „Datenreport 2011" konnten sich 2009 nach eigener Einschätzung 30% der armutsgefährdeten Personen in der Bundesrepublik auch keine regelmäßigen Mahlzeiten mit Fleisch, Geflügel oder Fisch leisten.[132]

Bei der Wohnungsversorgung einkommensschwacher Haushalte wurde im zweiten Armuts- und Reichtumsbericht der Bundesregierung hervorgehoben, dass zwar die durchschnittlichen Wohnflächen der einkommensschwachen Mieter im Jahr 2003 unterhalb der Wohnflächen aller Mieterhaushalte lagen, sich im Vergleich zu 1998 aber

---

129 Vgl. Kenworthy 2011, Kap. 1 (Raise the Floor)
130 Petzold 2009, S. 70
131 Siehe Roth, Rainer (1998): Über den Monat am Ende des Geldes; Frankfurt a. M. sowie Barlösius, Eva et al. (Hrsg.) (1995): Ernährung in der Armut. Gesundheitliche, soziale und kulturelle Folgen in der Bundesrepublik Deutschland; Berlin
132 Vgl. Deckl 2011, S. 158

deren grundlegende Wohnungsausstattung in Bezug auf Bad und Heizung verbessert habe.[133] Eine vergleichbare Darstellung findet sich für den Zeitraum bis 2006 im Nachfolgebericht, wobei auf einen Rückgang der Wohnflächen von Wohngeldbeziehern (2005-2006) hingewiesen wird. Etwas erstaunlich ist, dass in dem 2008 publizierten Werk „zur qualitativen Wohnsituation von Transferleistungsbeziehern [...] keine empirisch untermauerte Aussage getroffen werden" konnte.[134] Derzeit existiert allerdings eine Vielfalt von ernstzunehmenden Daten, die aufzeigen, dass ein Großteil der Armutsgefährdeten in Deutschland unter gravierenden Wohnungsmängeln leidet;[135] es gibt zudem vermehrt Hinweise darauf, dass die steigenden Energiepreise zu Einschränkungen beim Heizen und Kochen führen. Jedenfalls „wurden infolge der zwischen 2002 und 2006 stark gestiegenen Energiepreise um durchschnittliche 7,2 Prozent pro Jahr die so genannten warmen Wohnnebenkosten zu einer finanziellen Belastung, insbesondere für einkommensschwache Haushalte."[136] Inwieweit beim Wohnen in den vergangenen Jahren aus absoluter Perspektive ein Fortschritt erfolgt ist, vermag ich deshalb nicht sicher zu beurteilen. Bei der Ernährungssituation Armer ist dies hingegen explizit zu verneinen.

Wo ein absoluter Fortschritt für die Ärmsten im Land höchstwahrscheinlich ebenso verneint werden kann, ist im Bereich verkehrsbezogener Mobilität. Unverhältnismäßige Preissteigerungen sowohl bei Benzin als auch im Bahnverkehr der DB erschweren es besonders Geringverdienern und Transferleistungsbeziehern seit Jahren, genügend mobil zu bleiben. Die Bahnpreise in der Bundesrepublik sind zwischen 2004 und 2008 um ca. 25% gestiegen,[137] allein von 2011 auf 2012 wieder um 4%. Darüber hinaus wurden vielerorts die Beförderungspreise im öffentlichen Nahverkehr gleichermaßen immens angehoben. Die Entwicklung der Regelsätze wurde dem (mit einer schrittweisen Erhöhung von 2005-2011 um 19 Euro, von 2011 auf 2012 um weitere 10 Euro) zweifelsohne nicht gerecht. Im Jahr 2009 sahen sich nach EU-SILC 21% der armutsgefährdeten Erwachsenen in der BRD außerstande, einen PKW anzuschaffen oder zu unterhalten.[138]

---

133 Vgl. Deutscher Bundestag (2005): Lebenslagen in Deutschland – Zweiter Armuts- und Reichtumsbericht; Berlin, Köln (Drucksache 15/5015), S. 107 f.
134 Deutscher Bundestag (2008): Lebenslagen in Deutschland – Dritter Armuts- und Reichtumsbericht; Berlin, Köln (Drucksache 16/9915), S. 93
135 Vgl. ebd. sowie Deckl 2011, S. 159
136 Deutscher Bundestag (2008): Lebenslagen in Deutschland – Dritter Armuts- und Reichtumsbericht; Berlin, Köln (Drucksache 16/9915), S. 25
137 Quelle: Welt Online
    http://www.welt.de/finanzen/article2872250/Jetzt-wird-die-Deutsche-Bahn-noch-teurer.html
138 Vgl. Deckl 2011, S. 159

Anhand dieses kurzen wie fragmentarischen Überblicks sollte offengelegt werden, dass Armut und soziale Ungleichheit in Deutschland seit Beginn des neuen Jahrtausends im Wesentlichen nicht abgenommen haben, im Gegenteil hat sich für die Mehrzahl der betroffenen Bevölkerungsgruppen die Lage eher noch verschlimmert. Boeckh / Huster / Benz (2011) vermuten, dass das – entgegen öffentlicher Erklärungen – größtenteils politisch gewollt war: „Die soziale Schieflage in der bundesdeutschen Gesellschaft wird ganz offensichtlich politisch bewusst verschärft!"[139] Außerdem haben sich die Chancen auf sozialen Aufstieg in den letzten Jahren insbes. im Osten drastisch verringert, wie der „Datenreport 2011" erkennen lässt; gerade dort „nimmt der Einfluss der sozialen Herkunft sehr deutlich zu".[140]

Die von den drei jüngsten Regierungskoalitionen – SPD-Grüne, CDU-SPD und aktuell CDU-FDP – betriebene Politik zur Armutsbekämpfung (soweit man sie überhaupt so bezeichnen will) war im Endeffekt nur ausgesprochen begrenzt erfolgreich; eine ernstliche Politik zur Reduzierung der Einkommensungleichheit hat quasi nicht stattgefunden. Ein völlig anderes Bild wird im dritten Armuts- und Reichtumsbericht der Bundesregierung vermittelt: „Die Reformbilanz der Bundesregierung kann sich sehen lassen. [...] Der Aufschwung kommt bei den Menschen in Form verbesserter Einkommensperspektiven und zusätzlicher Arbeitsplätze an."[141] Interessanterweise wird gleich drei Sätze danach indirekt eingeräumt, dass es es sich bei den „verbesserten Einkommensperspektiven" eigentlich um eine pure Behauptung handelt, für die zum Zeitpunkt der Publikation keinerlei stichhaltige Beweise vorlagen.

Im nächsten Kapitel sollen mögliche Zusammenhänge zwischen einzelnen politischen Maßnahmen und der Armutsentwicklung in der Bundesrepublik hergestellt und genauer untersucht werden. Konkret geht es nun darum, herauszuarbeiten, welchen politischen Schritten eine armutsrelevante (positive oder negative, intendierte oder unintendierte) Wirkung empirisch nachgewiesen oder zumindest theoretisch plausibel unterstellt werden kann.

---

139 Boekh / Huster / Benz 2011, S. 134
140 Pollak, Reinhard (2011): „Soziale Mobilität" In: Statistisches Bundesamt / Wissenschaftszentrum Berlin für Sozialforschung (Hrsg.): Datenreport 2011 – Ein Sozialbericht für die Bundesrepublik Deutschland; Bonn, S. 199
141 Deutscher Bundestag (2008): Lebenslagen in Deutschland – Dritter Armuts- und Reichtumsbericht; Berlin, Köln (Drucksache 16/9915), S. 12

2.2 Zusammenhänge zwischen politischen Maßnahmen und Armutsentwicklungen in Deutschland ab dem Regierungswechsel 1998

„Die Sozial- und Gesundheitspolitik der neuen Bundesregierung wird [...] Armut so weit wie möglich vermeiden, einem Auseinanderdriften der Gesellschaft in Arm und Reich durch eine gerechte und solidarische Verteilung von Leistungen und Lasten entgegenwirken, Chancengleichheit herstellen und spezifische Benachteiligungen ausgleichen ...."[142]

Auch wenn, so z.B. der Politikwissenschaftler Josef Schmid, ein Wechsel zum liberalen Wohlfahrtsstaatsmodell in der Bundesrepublik bislang nicht stattgefunden hat, wurden insbes. in der zweiten Amtszeit Gerhard Schröders doch „signifikante Einschnitte und bemerkenswerte Umbauten" im Bereich der sozialen Absicherung vorgenommen.[143] Ein erklärtes Ziel der Bundesregierung bei der Bekämpfung von Armut war Ende 1998 „Arbeit statt Sozialhilfe", denn jeder sollte „die Chance bekommen, sein Leben aus eigener Kraft zu gestalten".[144] Eine vieldeutige Formulierung, die stark an Bill Clintons bekannte Phrase „...from welfare to work" erinnerte. Die zwei Nachfolgeregierungen übernahmen dieses Paradigma und richteten ihre Sozialpolitik dementsprechend aus. Dass das wiederholte Regierungsversprechen, Armut und sozialer Ungleichheit durch politische Schritte effektiv entgegenzuwirken, insgesamt als nicht eingehalten betrachtet werden muss, habe ich versucht, auf den vorangegangenen Seiten darzulegen, auch wenn dies in regierungsamtlichen Dokumenten natürlich eher anders eingeschätzt wird. Unter anderem darauf aufbauend soll jetzt im Einzelnen nachvollzogen werden, wo und wodurch eine Eindämmung tatsächlich gelungen ist und welche Maßnahmen erfolglos waren bzw. sogar eine gegenteilige Entwicklung zur Folge hatten.

Die gravierendsten Änderungen finden sich in der Arbeitsmarktpolitik, was durchaus schlüssig erscheint, denn „Erwerbsarbeit ist sozialpolitisch voraussetzungsvoll"[145] und hat in vielerlei Hinsicht einen zentralen Stellenwert. Im Jahr 2007 waren nach Angaben des Statistischen Bundesamts rund neun von zehn Erwerbstätigen in der BRD abhängig Beschäftigte;[146] man lebt hierzulande also in einer auf abhängiger Erwerbsarbeit

---

142 Koalitionsvereinbarung zwischen SPD und Grünen vom 20.10.1998, S. 23
   http://www.spd.de/linkableblob/1850/data/koalitionsvertrag_bundesparteitag_bonn_1998.pdf
143 Schmid 2010, S. 144
144 Koalitionsvereinbarung zwischen SPD und Grünen vom 20.10.1998, S. 26; zuvor angegebener Link
145 Vogel, Berthold (2010): „Staatliche Regulierung von Arbeit" In: Böhrle, Fritz / Voß, Günter G. /
   Wachtler, Günther (Hrsg.): Handbuch Arbeitssoziologie; Wiesbaden, S. 913
146 Vgl. Boeckh / Huster / Benz 2011, S. 196

basierenden Gesellschaft. Demnach bildet Arbeitslosigkeit ein primäres soziales Risiko sowohl für den Einzelnen, als auch auf gesamtgesellschaftlicher Ebene. Deshalb geht es bei der staatlichen Absicherung Erwerbsloser „keineswegs nur um soziale, sondern auch um unmittelbar arbeitsmarkt- und gesellschaftspolitische Auswirkungen".[147] Effektiv wird ein beträchtlicher Teil der Arbeitsmarktpolitik bereits allein über das soziale Sicherungssystem betrieben.

Vor den Hartz-Reformen waren statistisch gesehen rund vier von zehn Erwerbslosen im Land armutsgefährdet, heute sind es mehr als sechs von zehn. Die Zusammenlegung von Arbeitslosenhilfe und Sozialhilfe führte für die Mehrheit der Anspruchsberechtigten unbestreitbar zu einer erheblichen Verringerung des Leistungsniveaus, da dieses bei der neuen, pauschalisierten Grundsicherung im Ganzen sogar leicht unterhalb der früheren Sozialhilfe (nach dem BSHG) angelegt war. Bedürftige Familien erlitten zusätzlich dadurch Einbußen, dass ehemals anrechnungsfreie Beträge (z.B. Kindergeld) nun von den regulären Hilfeleistungen abgezogen wurden. „Modellberechnungen und erste empirische Auswertungen gehen davon aus, dass sich die Einkommenssituation von 60 Prozent der Personen, die in einem Haushalt mit einem [ehemaligen] Arbeitslosenhilfeempfänger leben, verschlechtert hat. Ein Viertel hat den Anspruch auf Unterstützung ganz verloren...".[148] Der naheliegende Verdacht, dass die Regelsätze der SGB II und XII hochgradig willkürlich nach politischen Kriterien festgelegt wurden, ohne die Existenzinteressen der Hilfebedürftigen ausreichend zu berücksichtigen, wurde 2010 letztlich durch das Bundesverfassungsgericht bestätigt; das Urteil löste große politische Diskussionen aus, rief jedoch praktisch kaum Fortschritte hervor.

Fakt ist aber auch, dass die Zahl der arbeitslos gemeldeten Menschen in den letzten Jahren zurückgegangen ist. Die offizielle Erwerbsquote lag in der Bundesrepublik 2010 bei 71,2%.[149] 2005 verzeichnete die amtliche Statistik der Bundesagentur für Arbeit fast 4,9 Millionen Erwerbslose, zum Jahresende 2011 dagegen lediglich etwa 2,8 Millionen.[150] Laut dem dritten Armuts- und Reichtumsbericht der Bundesregierung bedeutet dieser Umstand „für viele Menschen eine neue Chance, durch Integration in

---

147 Bäcker et al. 2008, S. 391
148 Bäcker, Gerhard (2008): „SGB II: Grundlagen und Bestandsaufnahme" In: Klute, Jürgen / Kotlenga, Sandra (Hrsg.): Sozial- und Arbeitsmarktpolitik nach Hartz – Fünf Jahre Hartzreformen: Bestandsaufnahme – Analysen – Perspektiven; Göttingen, S. 32
149 Vgl. Scherschel / Booth 2012, S. 34
150 Vgl. ebd., S. 31 – zu beachten ist jedoch, dass bei der Datenerhebung zur Arbeitslosenstatistik der BA wiederholt bedeutende Änderungen vorgenommen wurden; besonders erwähnenswert ist dabei die klar ergebnisorientierte Neudefinition von Langzeitarbeitslosen.

den Arbeitsmarkt mehr Wohlstand und mehr Teilhabe zu erlangen".[151] Die Realität ist allerdings nachweislich eine andere. Aktuelle Untersuchungen beweisen, dass den meisten Betroffenen der erwünschte Sprung in ein dauerhaftes, existenzsicherndes Beschäftigungsverhältnis nicht gelingt. Bilanzen zum Reformerfolg fallen entsprechend kontrovers aus. Dem zahlenmäßigen Rückgang der Arbeitslosigkeit steht ein beinahe vergleichbarer Zuwachs an hilfebedürftigen Arbeitnehmern entgegen, welche trotz Erwerbsarbeit auf staatliche Transferleistungen angewiesen sind – häufig selbst bei Vollzeitbeschäftigung. Gegen Mitte 2011 zeigte die Statistik der BA über 4,7 Millionen erwerbsfähige Leistungsberechtigte, davon knapp 1,4 Millionen erwerbstätig, wovon annähernd ein Drittel in Vollzeitjobs arbeiteten.[152] Betrachtet man die Zahlen genauer, ca. 2,8 Millionen Erwerbslose, ca. 1,4 Millionen sog. Aufstocker, fällt sofort auf, dass gut eine halbe Million der erfassten arbeitslosen Leistungsberechtigten augenscheinlich nicht in die Erwerbslosenstatistik eingeflossen sind. Dafür mag es verschiedene Gründe geben; dessen ungeachtet ist die Behörde 2002 (vor ihrer Umstrukturierung) schon einmal aufgrund manipulierter Statistiken in die Schlagzeilen geraten.[153]

Nach Angaben des Instituts für Arbeit und Qualifikation (IAQ) der Universität Duisburg-Essen hat sich im Zeitraum zwischen 1995 und 2008 der Anteil der Niedriglohnbeschäftigten in Deutschland von 14,7% auf 20,7% erhöht. Als Niedriglohn wurde hier ein Stundenlohn von unter zwei Dritteln des mittleren Stundenlohns in Ost- und Westdeutschland definiert. Im Jahr 2008 arbeiteten ca. 6,55 Millionen Menschen in der BRD für Löhne unterhalb der Niedriglohnschwelle, rund 162.000 mehr als 2007 (ca. 6,39 Mill.) und nahezu eine Viertelmillion mehr als 2006 (ca. 6,31 Mill.). 2001 waren es noch unter fünf Millionen (Berechnungen des IAQ mit SOEP-Daten). Die Forscher betonen, dass sich Niedriglöhne nicht mehr auf atypische Beschäftigte oder besondere Personengruppen konzentrieren. Vielmehr sei mit qualifizierten Erwerbspersonen sowie den mittleren Altersgruppen, Vollzeit- und unbefristet Beschäftigten zunehmend auch der Kern des Beschäftigungssystems betroffen.[154] Mittlerweile seien bereits etwa vier von fünf Niedriglohnbeschäftigten in der Bundesrepublik formal qualifiziert (durch abgeschlossene Berufsausbildung oder akademischen Abschluss) – ein auch im

---

151 Deutscher Bundestag (2008): Lebenslagen in Deutschland – Dritter Armuts- und Reichtumsbericht; Berlin, Köln (Drucksache 16/9915), S. 71
152 Vgl. Scherschel / Booth 2012, S. 32
153 Vgl. z.B. Mohr 2009, S. 54
154 Vgl. Kalina, Thorsten / Weinkopf, Claudia (2010): IAQ-Report 2010-06; „Niedriglohnbeschäftigung 2008: Stagnation auf hohem Niveau – Lohnspektrum franst nach unten aus" http://www.iaq.uni-due.de/iaq-report/2010/report2010-06.pdf

internationalen Vergleich extrem hoher Wert.[155] Kenworthy (2011) konstatiert ebenfalls „significant increases in low-wage employment in [...] Germany".[156] Stundenlöhne von teilweise unter 6 Euro brutto, wie sie 2008 rund 11% der Niedriglohnbezieher in Deutschland erhielten, zwingen die Betroffenen, die oft Vollzeit arbeiten, zusätzlich aufstockende Sozialleistungen in Anspruch zu nehmen.[157] Beachtenswert ist zudem, dass sich die Zahl der selbstständig erwerbstätigen Alg II-Berechtigten in den letzten Jahren ungefähr verdoppelt hat. Es gibt zwar aktuell vereinzelte Studien, die die staatlich unterstützten Geringverdiener zu Gewinnern der Reform erklären (z.B. Alber / Heisig 2011), dabei bleiben jedoch sehr viele Aspekte unberücksichtigt.

Scherschel / Booth (2012) kommen zu dem Schluss, dass durch die Hartz-Reformen eine fortschreitende Prekarisierung der Arbeitswelt bewirkt bzw. prekäre Beschäftigung als ein Segment des deutschen Arbeitsmarktes etabliert wurde.[158] Die Tatsache, dass Niedrigeinkommen gegenwärtig immer weniger vom Bildungshintergrund abhängig zu sein scheinen, könnte gemäß Kalina / Weinkopf (2010) ebenso auf die jüngsten Arbeitsmarktreformen zurückzuführen sein.[159] Die inflationsbereinigten Reallöhne sind, nebenbei bemerkt, in der BRD nach Daten des „Global Wage Report 2010/11" der Internationalen Arbeitsorganisation (ILO) zwischen 2000 und 2009 im Schnitt um ca. 4,5% gesunken.[160] Studien ist zu entnehmen, dass sich die Menschen seit Ende der 90er Jahre in steigendem Maße ungerecht entlohnt fühlen.[161]

Was lässt sich nun in Bezug auf Armutsentwicklung und den arbeitsmarktpolitischen Maßnahmen im neuen Jahrtausend festhalten? „Die bisherigen Erfahrungen [...] lassen erkennen, dass das Ziel der Armutsvermeidung bzw. Armutsbekämpfung nicht erreicht worden ist."[162] Es kam stattdessen, wie Analysen zeigen, zu einer „Umverteilung innerhalb des untersten Segments der Einkommensverteilung [...] mit fragwürdigen Ergebnissen..."[163] Die Ausgrenzung aus dem versicherungsförmigen Leistungsbezug hat sich eindeutig verstärkt, unter anderem, weil die reguläre Arbeitslosenversicherung in

---

155 Vgl. ebd.
156 Kenworthy 2011, Kap. 5, S. 5
157 Vgl. Kalina / Weinkopf 2010, zuvor angegebener Link
158 Vgl. Scherschel / Booth 2012, S. 39
159 Vgl. Kalina / Weinkopf 2010, zuvor angegebener Link
160 International Labour Office (2010): Global Wage Report 2010/11, Datenblatt Deutschland 2010/11; Berlin, S. 3
161 Vgl. z.B. Lippl, Bodo (2008): Klare Mehrheiten für den Wohlfahrtsstaat. Gesellschaftliche Wertorientierungen im internationalen Vergleich. Gutachten im Auftrag der Friedrich-Ebert-Stiftung; Bonn, S. 44
162 Bäcker 2008, S. 40
163 Butterwegge 2012, S. 175

ihrer bis auf die verkürzten Anspruchszeiten unveränderten Form und Ausgestaltung für einen wachsenden Teil der Erwerbslosen keinerlei Benefit mehr mit sich bringt, da sie den heutigen Arbeitsmarktgegebenheiten nicht gerecht wird. Vor allem aber wurde der Graben zwischen den Leistungssystemen weiter vertieft; auch dadurch, dass Empfänger der steuerfinanzierten Grundsicherung im Zeitverlauf immer konsequenter von anderen Sozial- und / oder Sicherungsleistungen abgekoppelt worden sind (z.B. Kindergeld, Elterngeld, Rentenansprüche). Grundsicherungsbezieher, die sich nicht den strikten behördlichen Vorgaben unterordnen, müssen außerdem harte Sanktionen hinnehmen, die bis hin zum völligen Wegfall der Leistungen führen. Gerade hier wird einmal mehr deutlich, „dass Armut in Deutschland gewöhnlich von einer Position der Abhängigkeit dominiert wird".[164] Mit den Hartz-Reformen und der entschieden darauf aufbauenden Arbeitsmarktpolitik der Gegenwart wurde im Endeffekt einer neuartigen Form sozialer Ungleichheit Vorschub geleistet, die über die materielle Dimension hinausgeht. Viele gesetzliche Neuerungen haben sowohl weitreichende Eingriffe in die Lebensführung der Leistungsbezieher ermöglicht, als auch in Teilen deren Grundrechte eingeschränkt.[165] Ein sicherlich unintendierter Nebeneffekt war eine massive Zunahme der Klagen bei den Sozialgerichten. Beim größten deutschen Sozialgericht in Berlin gingen 2005 ca. 7000 Fälle ein, 2011 waren es über 30000 neue Verfahren.[166]

Die Teilsysteme der verschiedenen Grundsicherungsleistungen sind in der BRD klar „nach Bevölkerungsgruppen differenziert und hinsichtlich des Niveaus, der Bezugsbedingungen und der Rechtsstellung der Betroffenen sozial hierarchisiert..."[167] Dass Grundrechte in Deutschland nicht uneingeschränkt bzw. für jeden gleichermaßen gelten, wird insbes. auch im Asylbewerberleistungsgesetz sichtbar; die Gruppe der ausländischen Flüchtlinge steht fraglos am unteren Ende der Hierarchie sozialstaatlicher Sicherung. Die Leistungen für Asylbewerber wurden fast 20 Jahre nicht angepasst und lagen zuletzt weit unter dem Standard der Sozialhilfe.
Am 18. Juli 2012 hat das Bundesverfassungsgericht diesbezüglich entschieden, dass das Existenzminimum in Deutschland für alle gleich anzusetzen sei; als Maßstab gelte der Hartz IV-Regelsatz.[168] Das Asylbewerberleistungsgesetz wurde in seiner bisherige Form für verfassungswidrig erklärt. Der Leistungsumfang sei „evident unzureichend" und die

---

164 Petzold 2009, S. 65
165 Vgl. ebd., S. 66 ff.
166 http://www.berlin.de/sen/justiz/gerichte/lsg/hartzivinfo.html
167 Bäcker et al. 2008, S. 355
168 http://www.tagesschau.de/inland/asylhilfe102.html

Sätze weder nachvollziehbar berechnet noch realitätsgerecht bestimmt.[169] Dies stellt ein anschauliches Beispiel für eine Politik des Aussitzens dar, denn das Gesetz stand häufig in der Kritik und verfassungsrechtliche Bedenken bestanden unter Experten seit langem. 2008 hatte die Bundesregierung noch verlauten lassen, die Leistungen für Asylbewerber ermöglichten diesen „ein existenziell gesichertes, menschenwürdiges Leben".[170] Es ist bezeichnend, dass der Gesetzgeber per Gerichtsentscheidung dazu gezwungen werden muss, sozialstaatliche Grundsätze einzuhalten.

Auf dem Feld der Familienpolitik ist zu beobachten, dass die ehemals Kind-zentrierten Förderungsleistungen, die noch relativ gleichmäßig allen sozialen Schichten zugute kamen, seit der Regierung Schröder zunehmend am (beruflichen) Status der Eltern ausgerichtet werden. Soziale Ungleichheit wird damit bewusst reproduziert. Ein erster politischer Schritt in diese Richtung erfolgte mit dem Ausschluss der Alg II/Sozialhilfe-Empfänger aus dem Kindergeldbezug. Mit dem Elterngeld, dessen Höhe generell nach dem Erwerbseinkommen der Eltern bemessen wurde, erfuhren dann auch Berufstätige mit niedrigeren Einkommen eine deutliche Benachteiligung. War für ärmere Familien und Eltern im Alg II/Sozialhilfe-Bezug zunächst ein Mindestbetrag vorgesehen, so wurden Hartz IV-Empfänger ab 2011 komplett vom Elterngeld ausgeschlossen. Aus dem ehemals weitestgehend pauschalierten Erziehungsgeld ist somit eine Leistung geworden, die gut Verdienende mit bis zu 1800 Euro im Monat begünstigt, während Eltern, die auf Grundsicherung angewiesen sind, überhaupt nichts mehr erhalten. Dazu kommt, dass sich die familienbezogenen steuerlichen Entlastungen (Kinderfreibeträge) ausschließlich „für Bezieher besonders hoher Einkommen rechnen".[171] Die Hartz IV-Gesetzgebung hat die Anzahl der von Armutsrisiken betroffenen Kinder in Deutschland bewiesenermaßen signifikant erhöht.[172] Eine nachgeschaltete Maßnahme, wie das 2011 eingeführte, optionale „Bildungs- und Teilhabepaket" für Kinder und Jugendliche aus einkommensschwachen Familien, wäre prinzipiell gar nicht notwendig gewesen, wenn man relativer Armut und sozialer Ungleichheit in der BRD familienpolitisch anders begegnet wäre.

Moderne Familienpolitik ist daher letztlich nur insoweit progressiv, wie es die Logik des derzeit Politik-bestimmenden Neoliberalismus erfordert und lässt in hohem Maße

---

169 BVerfG, 1 BvL 10/10 vom 18.7.2012
    http://www.bundesverfassungsgericht.de/entscheidungen/ls20120718_1bvl001010.html
170 Deutscher Bundestag 2008, Drucksache 16/9018, S. 26
171 Boekh / Huster / Benz 2011, S. 298
172 Vgl. ebd., S. 306

eine ökonomische Funktionalisierung erkennen. Eine politische Neugewichtung von wirtschaftsbezogenen Kosten- und Nutzenüberlegungen tritt offen zutage. Das Verhalten der Bundesbürger soll ferner über Familienpolitik „gesteuert" werden. Selbst der kontinuierliche Ausbau von Kinderbetreuungseinrichtungen folgt unbestreitbar dem politischen Ziel der arbeitenden Gesellschaft.[173] Nicht vergessen werden darf, dass auf Länder- und kommunaler Ebene vielerorts familiennahe strukturelle Leistungen verteuert wurden. Beispielsweise durch Einführung von allgemeinen Studiengebühren, Abbau der Lehrmittelfreiheit, Anhebung von Elternbeiträgen für Kindertagesstätten, Wegfall von geförderten Freizeitangeboten und infrastrukturelle Einschnitte. Differenzierten Verteilungsanalysen ist zu entnehmen, dass die gegebenen monetären Transfers im Rahmen des Familienausgleichs die relative Einkommensarmut von Familien zwar verringern, aber insgesamt nur unzureichend wirken.[174] Frühere Gleichheits- und Gerechtigkeitsaspekte sind in der Familienpolitik erkennbar in den Hintergrund gerückt, in dem Sinne, dass der Umfang staatlicher Unterstützung für Kinder hochgradig von der sozialen Situation der Eltern abhängig gemacht wurde. Kinder von über Einkommen definierten „Leistungsträgern" erhalten mehr Geld vom Staat, wodurch der „Grundsatz des vertikalen Lastenausgleichs zwischen Familien unterschiedlicher Einkommenslage"[175] an Geltung verliert. Politisch begründete man das Vorgehen oft damit, dass bestimmte Bevölkerungsgruppen (insbes. Akademiker) dazu angeregt werden sollten, mehr Kinder zu bekommen. Es ist durchaus plausibel, zu unterstellen, dass gleichzeitig bei den sozial schlechter gestellten Gruppen auf einen Rückgang der Geburten abgezielt wurde, indem man genau diesen Familien nunmehr ein Minimum an ausgleichenden Hilfeleistungen gewährte und die dadurch beförderten Armutsrisiken hinnahm. Die Vermutung liegt nahe, dass so auch verhindert werden soll, dass Frauen aus sozial schwachen Schichten sich durch eine Kinderentscheidung dem für sie wenig attraktiven Arbeitsmarkt entziehen.

Im Bereich der Alterssicherungs- und Rentenpolitik sind in den vergangenen Jahren vor allem vielfältige Einschnitte in die Leistungen der gesetzlichen Rentenversicherung (GRV) vollzogen worden, die für die Neurenten teils sofort wirksam wurden, teilweise aber auch erst zukünftig in Wirkung treten sollen. Für laufende Renten kam es zu einer Reduzierung der Dynamisierung. Das 2005 in Kraft getretene Alterseinkünftegesetz

---

173 Vgl. z.B. Bäcker et al. 2008, S. 80
174 Vgl. Bäcker, Gerhard et al. (2008): Sozialpolitik und soziale Lage in Deutschland. Band 2: Gesundheit, Familie, Alter und Soziale Dienste; Wiesbaden (4. Aufl.), S. 289
175 Boekh / Huster / Benz 2011, S. 297

führte zu einer höheren Besteuerung von Renten und Altersbezügen, welche zurzeit schrittweise umgesetzt wird. Die wachsenden Finanzierungsprobleme der deutschen Rentenversicherung gehen in erster Linie aus dem demografischen Wandel und Umbrüchen im Wirtschaftsleben hervor.[176] Maßgeblich für die Einnahmen der GRV ist neben der Beitragshöhe die Zahl der beitragszahlenden Erwerbstätigen.

2008 betrug der Anteil der GRV am Gesamtbruttoeinkommen der Rentnerhaushalte 65%; andere Alterssicherungssysteme trugen mit 19% und sonstige Einkunftsarten mit 16% zum Gesamteinkommen der Älteren bei.[177] Richard Hauser (2007) zufolge ist das gegenwärtige Ausmaß an Altersarmut in der Bundesrepublik bislang zwar als eher gering einzuschätzen, Altersarmut wird jedoch höchstwahrscheinlich mittel- und langfristig erheblich zunehmen, die Ungleichheit der Rentenbezüge in Deutschland wird merklich steigen.[178] Wissenschaftler erwarten bis zum Jahr 2020 ein Absinken des Bruttorentenniveaus um mindestens ein Zehntel, darüber hinaus wird es wohl definitiv noch weiter abfallen. „Die Renteneinkommen werden [...] immer stärker hinter den Einkommen der erwerbstätigen Generationen zurückbleiben."[179] Verschärfend wirkt, dass Anrechnungszeiten für Ausbildungs- und Arbeitslosigkeitsperioden weggefallen sind oder reduziert wurden und sich niedrig entlohnte Beschäftigungsverhältnisse sowie Unterbrechungen in Erwerbsverläufen mehren. Die im ersten Kapitel angeführten Erbschaftssteuerreformen werden die Ungleichheit der Nettoeinkommen innerhalb der alten Generation zusätzlich weiter verstärken.[180] Die Bruttostandardrente kann zudem absolut nicht als repräsentativ gelten, da schon heute kaum noch ein Rentner die nötigen Versicherungsjahre erreicht.

Für Ärmere ist der politische Trend, im Gegenzug die private Altersvorsorge zu fördern, problematisch. Zum einen, weil dafür erstmal soviel Einkommen vorhanden sein muss, dass davon tatsächlich etwas gespart werden kann, zum anderen, weil dazu dauerhaft relativ stabile Einkommensverhältnisse erforderlich sind. Die Grundsicherung im Alter und bei dauerhafter Erwerbsminderung soll die voranschreitende Altersarmut quasi „nach unten hin" begrenzen. Als bedarfsabhängige Fürsorgeleistung sichert sie die Bedürftigsten auf Sozialhilfeniveau ab, ist dabei aber weniger restriktiv; sie steht an der Spitze der Hierarchie der Grundsicherungsleistungen.[181] Im Gegensatz zu sämtlichen

---

176 Vgl. ebd., S. 367
177 Vgl. ebd., S. 365
178 Hauser, Richard (2007): „Reicht das Einkommen im Alter aus? Die Armut unter alten Menschen wird deutlich zunehmen" In: Forschung Frankfurt Bd. 25, 2/2007, S. 66 ff.
179 Ebd., S. 69
180 Vgl. ebd., S. 70
181 Vgl. Bäcker et al. 2008, S. 356

anderen Grundsicherungsleistungen werden hier alle Bezieher niedriger Renten systematisch auf mögliche Ansprüche aufmerksam gemacht. Zumindest die Gruppe alter Menschen, die unterhalb des Sozialhilfeniveaus lebte und keine Ansprüche geltend machte, profitierte also von der Grundsicherung im Alter. Dass Kinder nach dem neuen Gesetz lediglich bei sehr hohen Einkommen zu Rückzahlungen herangezogen werden können, erleichtert den Zugang zu dieser Sozialleistung ebenfalls. Hauser (2007) geht davon aus, dass vor der Gesetzesänderung bis zu 50% der sozialhilfeberechtigten Senioren die Sozialhilfe nicht in Anspruch nahmen – aus Unwissenheit oder um ihre Kinder nicht mit eventuellen Rückzahlungsforderungen zu belasten.[182] Dennoch gilt: „Nach Auffassung der Bundesregierung haben Vorsorge und Eigenverantwortung grundsätzlich Priorität vor der solidarischen Fürsorge."[183] Boekh / Huster / Benz (2011) weisen darauf hin, dass in krisenhaften Wirtschaftsphasen Teile der Bürger ihr eigenverantwortlich Erspartes verlieren und auch private Kapitalversicherungen in Notlagen geraten können. Deshalb setze moderne Alterssicherung grundsätzlich „einen florierenden Wirtschaftskreislauf und langfristig gesehen weniger an Erwerbsarbeit gebundene Umverteilungsprozesse voraus".[184] Private Sparmaßnahmen als dritte Säule der Altersversorgung auszubauen, sei unter den derzeitigen Umständen als dauerhafte Lösung bedenklich.[185] Charakteristisch für jegliche Formen privater und betrieblicher Altersvorsorge ist, dass sie in mehrfacher Hinsicht selektiv wirken und soziale Ungleichheit expedieren. Wenn nun bald zahlreiche Versicherte trotz langjähriger Beitragspflicht nur unzureichende, minimale staatliche Renten erhalten, werden auf Dauer Akzeptanz und Legitimität der gesetzlichen Rentenversicherung gefährdet, wie Bäcker et al. (2008) anmerken. Das erfolgreiche Zurückdrängen der Altersarmut sei einst eine heraustragende Leistung der GRV in Deutschland gewesen. Wird die jetzige Politik der Rückführung indessen fortgesetzt, werden immer mehr Menschen auf die Grundsicherung im Alter angewiesen sein. Soll eine solche Entwicklung vermieden werden, ist es erforderlich, die sozialen Ausgleichsleistungen in der Rentenversicherung wieder anzuheben.[186]

Gerade für ältere Menschen ist die Absicherung gegen Krankheits- und Pflegekosten von hoher Bedeutung; gesundheitlichen Beschwerden nehmen mit dem Alter zu. Dass

---

182 Vgl. Hauser 2007, S. 67
183 Deutscher Bundestag (2008): Lebenslagen in Deutschland – Dritter Armuts- und Reichtumsbericht; Berlin, Köln (Drucksache 16/9915), S. 124
184 Boekh / Huster / Benz 2011, S. 371
185 Vgl. ebd.
186 Bäcker et al. 2008 (2) S. 480 f.

der Trend zur Privatisierung und damit zur vermehrten Individualisierung des Absicherungsniveaus in der BRD zunehmend auch diese Felder erfasst, könnte sich für ärmere Alte in Zukunft ungünstig auswirken. Zum Beispiel sind in den Regelsätzen der Grundsicherung gesundheitsbezogene Kosten momentan quasi nicht berücksichtigt. Für Hartz IV-Empfänger wurden sogar noch anfangs bestehende Mehrbedarfsansprüche für chronisch Kranke eingeschränkt.[187] Überdies ist die gesetzliche Pflegeversicherung keine Vollkostenversicherung; ihre Leistungen unterliegen nicht dem Bedarfsprinzip, sondern werden nach gesetzlich festgelegten Begriffen der Pflegebedürftigkeit gewährt. Somit verbleiben „erhebliche Kosten bei den privaten Haushalten, weil etwa bei stationärer Unterbringung die sog. Hotelkosten für Unterkunft und Verpflegung von dem Pflegebedürftigen selbst zu bezahlen sind."[188] Es ist an sich achtenswert, dass der Staat das Pflegerisiko anerkennt. Nichtsdestotrotz wird es sich in unzähligen Fällen schwierig oder unmöglich gestalten, für Gesundheit, Alter und Pflege obendrein ausreichend privat vorzusorgen.

Die jüngsten Entwicklungen in der Gesundheitspolitik trafen besonders die ärmsten Bevölkerungsschichten hart. Allein der Umstand, dass für den ersten Arzt- und Zahnarztbesuch im Quartal genauso wie beim ärztlichen Notfalldienst plötzlich eine Gebühr von zehn Euro zu entrichten war, hatte vermutlich negative Auswirkungen „auf den Gesundheitszustand dieser ohnehin am meisten von Krankheiten heimgesuchten Bevölkerungsgruppen".[189] Auch für stationäre Krankenhausaufenthalte fallen seit dem GKV-Modernisierungsgesetz Kostenanteile an, die bis zu 280 Euro betragen können. Daneben wurde das Leistungsspektrum der gesetzlichen Krankenversicherung weiter zurückgefahren, so dass gewisse gesundheitliche Einschränkungen, wie beispielsweise Sehschwäche, völlig zum Problem des Einzelnen gemacht wurden.

Die sog. Belastungsgrenze für Versicherte, die eine finanzielle Überforderung weniger begüterter Menschen verhindern soll, ist nicht, wie es der Begriff impliziert, ein selbst wirkender Schutz- bzw. Sicherungsmechanismus. Um von der Regelung Gebrauch machen zu können, muss jährlich ein Antrag gestellt werden, müssen alle Belege und Quittungen aufbewahrt und zusammen mit Einkommensnachweisen bei der eigenen Krankenversicherung eingereicht werden. Speziell für Schwerstkranke, psychisch Erkrankte oder Personen mit Lese- respektive Sprachschwierigkeiten eine nicht zu

187 Vgl. Petzold 2009, S. 83
188 Boekh / Huster / Benz 2011, S. 327
189 Butterwegge 2012, S. 169

unterschätzende Hürde. Oftmals muss trotzdem in Vorkasse getreten werden, was sich im Einzelfall als fatal erweisen kann, z.B. wenn Rezepte nicht eingelöst werden können, weil im Moment das Geld für den Zuzahlungsbetrag fehlt. Forschungsergebnisse belegen eindrücklich, dass geringes Einkommen in Deutschland mit einem erhöhten Krankheitsrisiko verbunden ist. Außerdem schätzen Arme ihren Gesundheitszustand und ihre gesundheitsbezogene Lebensqualität deutlich schlechter ein.[190] Hierbei ist der Zugang zum Versorgungssystem ein Faktor, der neben sozioökonomischer Lage und Erwerbssituation eine Rolle spielt.

Eine Bekämpfung sozialer Ungleichheit hat in der Gesundheitspolitik zweifelsfrei nicht stattgefunden; vielmehr überlagert der politische Wunsch nach Kostenersparnissen im Gesundheitssektor bereits seit langem sämtliche sonstigen Aspekte. Der Anteil der Löhne und Gehälter am bundesdeutschen Volkseinkommen – die Finanzierungsbasis der GKV – schrumpft seit fast drei Jahrzehnten, während die Gesundheitskosten beständig steigen.[191] Regierungen reagierten wiederholt mit strukturellen Modernisierungen, Beitragserhöhungen und Leistungskürzungen – Schritte, die an und für sich am Kern der Problematik vorbeigingen, dass die GKV aus einer fortlaufend geringer werdenden Arbeitnehmereinkommensquote finanziert werden muss. Der steuerlich bezuschusste Gesundheitsfonds, der seit 2009 zur Finanzierung der GKV dient, ist ein anderer Versuch, diesem Prozess Rechnung zu tragen.

Wirft man einen Blick auf die Steuerpolitik ab dem Regierungswechsel 1998, so fällt auf, dass die steuerliche Belastung der oberen Einkommensgruppen nach und nach beachtlich abgenommen hat, allerdings für die unteren Einkommensdezile spürbar angestiegen ist. Das Steuergefüge in Deutschland ist regressiver geworden, Hauptgrund dafür ist die sukzessive Ausweitung indirekter Besteuerung. Durch die Erhöhung der Mehrwertsteuer sowie den steuerlichen Änderungen im Rahmen der ökologischen Steuerreform wurden augenfällig Ärmere überproportional belastet, Steuersenkungen und -begünstigungen erfolgten hingegen eindeutig zugunsten von besser verdienenden Bürgern, Vermögenden und privatwirtschaftlichen Konzernen. Eine konsequent progressive Steuerverteilung könnte Einkommensunterschiede durchaus ein Stück weit reduzieren, auch wenn der direkte Effekt der Armutsverringerung eher gering ist.[192] Mit

---

190 Vgl. Lampert, Thomas et al. (2011): „Gesundheitliche Ungleichheit" In: Statistisches Bundesamt / Wissenschaftszentrum Berlin für Sozialforschung (Hrsg.): Datenreport 2011 – Ein Sozialbericht für die Bundesrepublik Deutschland; Bonn, S. 258
191 Vgl. z.B. Bäcker et al. 2008 (2), S. 216 ff
192 Vgl. Kenworthy 2011, Kap. 8, S. 3 f.

ihrer Steuerpolitik hat die Bundesregierung jedoch in der Tendenz die Gegenrichtung eingeschlagen. Es ist auch generell fragwürdig, dass z.B. der Kauf einer medizinisch notwendigen Sehhilfe beim Optiker mit 19% Mehrwertsteuer belastet wird, während Hotelübernachtungen nur mit 7% MwSt. besteuert werden. Zu bedenken ist ebenfalls, dass Menschen mit höheren Einkommen im Gegensatz zu Armen größere Teile ihres Geldes der auf Konsum gerichteten, indirekten Besteuerung entziehen können. Im dritten Armuts- und Reichtumsbericht der Bundesregierung wird die regressive Wirkung der gestiegenen Verbrauchssteuern dadurch gerechtfertigt, dass mit den Mehreinnahmen der Arbeitsmarkt gefördert werden soll; Arbeitnehmer und Arbeitgeber würden im Gegenzug entlastet.[193]

Im Ganzen zeichnet sich ab, dass sich „eine neue Architektur wohlfahrtsstaatlicher Gestaltung"[194] etabliert; ein System, in dem Aspekte des sozialen Ausgleichs und der Fürsorge in den Hintergrund treten. Relative Armut und soziale Ungleichheit haben zugenommen und werden tendenziell wohl weiter voranschreiten. Was in politisch-öffentlichen Diskursen in Deutschland gemeinhin als Armutsbekämpfung bezeichnet wird, beinhaltet im Wesentlichen mehr ein regierungsseitiges Bestreben, gewisse Mindeststandards in der sozialen Sicherung zu gewährleisten und damit die Armut betroffener Bevölkerungsgruppen nicht unter ein bestimmtes Niveau absinken zu lassen. Orientierungspunkt scheint dabei nicht selten der Grenzbereich des verfassungsrechtlich noch Möglichen. Die veränderten Prinzipien staatlicher Gewährleistungsverantwortung kommen im voranschreitenden „Management öffentlicher und privater Ressourcen"[195] ebenso zum Ausdruck, wie in den gesteigerten Vorbehalten gegenüber den Adressaten wohlfahrtsstaatlicher Leistungen.

Garfinkel / Rainwater / Smeeding (2010) kategorisieren wohlfahrtsstaatliche Benefits in Ebenen (floors), Sicherheitsnetze (safety nets) und Plattformen (platforms). „Floors serve all, regardless of income. [...] Safety nets serve a more limited range of people – specifically the poor or near poor who cannot funcion economically at adequate levels without special assistance. [...] Platforms are characterized by widespread eligibility, but are more restrictive than floors; their benefits generally targeted more to the rich."[196] Aus diesem Blickwinkel definiert sich die sozialstaatliche Umgestaltung in der

193 Vgl. Deutscher Bundestag (2008): Lebenslagen in Deutschland – Dritter Armuts- und
    Reichtumsbericht; Berlin, Köln (Drucksache 16/9915), S. 16
194 Vogel 2010, S. 922
195 Ebd., S. 923
196 Garfinkel et al. 2010, S. 52

Bundesrepublik als ein Abbau von floors, ein Ausbau von platforms und ein Umbau der vorhandenen safety nets. Was die Vermeidung von Armut betrifft, ist heikel, dass die deutschen safety nets bildlich gesprochen häufig eben keine Netze bilden, deren Auffangfunktion automatisch eintritt. Sie setzen meist komplizierte Antragsverfahren voraus und erfordern dadurch spezifische Kenntnisse sowie umfangreiche Nachweise der individuellen Bedürftigkeit.

Diese und die zuvor dargestellten Entwicklungen stehen laut wissenschaftlichen Erhebungen den heute vorherrschenden gesellschaftlichen Wertorientierungen entgegen. Es sieht sehr danach aus, dass die Politik augenblicklich nicht mehr in der Lage ist, den diesbezüglichen Vorstellungen und Wünschen der Staatsbürger zu entsprechen. Gerade die Sozialpolitik ist in der BRD lange von einem breiten Konsens über Grundsatzfragen getragen worden, der im Zuge aktueller Geschehnisse und politischer Maßnahmen zerbricht. „Insgesamt sorgt eine derart betriebene Sozialpolitik für weniger sozialen Zusammenhalt und befördert mehr soziale Ausdifferenzierung."[197] Forscher stellten tatsächlich ein wachsendes Ausmaß an sozialer Spaltung und politischer Frustration in der bundesdeutschen Bevölkerung fest. Bodo Lippl (2008) fasst die Ergebnisse seiner Expertise folgendermaßen zusammen:

„Die Mehrheit der Bevölkerung traut den Marktkräften [...] nicht. Vielmehr wird es als Aufgabe des Staates angesehen, dass er in die Verteilung des Wohlstandes eingreift und soziale Ungleichheit dadurch mildert und abbaut. [...] Die Vorstellung eines umverteilenden Eingriffs durch den Staat ist auf dem Vormarsch. In Ostdeutschland hat der Egalitarismus ohnehin eine ungebrochen starke Verankerung. Neu ist dagegen eine Zunahme dieser Gerechtigkeitsideologie im Westteil der Republik [...] Diese Entwicklung [...] steht möglicherweise in Zusammenhang mit dem Öffnen einer Gerechtigkeitslücke in der Einkommensverteilung und dem zunehmenden Gefühl der Deutschen, nicht den Anteil an Lohneinkommen zu erhalten, der ihnen gerechterweise zusteht. Die Angst vor einem Verlust an Sicherheit, auch bei der Absicherung in Risikolagen, lässt aus der Sicht der Bevölkerung den Staat als Akteur verstärkt ins Zentrum rücken. [...] Analysen zu den Gerechtigkeitseinstellungen der Bevölkerung haben insgesamt gezeigt, dass seit der Jahrtausendwende die Wahrnehmung von Ungerechtigkeit in der deutschen Bevölkerung zunimmt."[198]

197 Boekh / Huster / Benz 2011, S. 192
198 Lippl 2008, S. 4, S. 41 f.

3. Sozialstaatlichkeit im Umbruch?

3.1 Die gegenwärtige Veränderung von Wohlfahrtsstaatlichkeit und ihre Zusammenhänge und Hintergründe in der Bundesrepublik

Wie bereits angeführt wurde, befinden sich Wohlfahrtsstaatsapparaturen langfristig betrachtet in einem permanenten Wandlungsprozess, was sich grundsätzlich darauf zurückführen lässt, dass Staaten gesellschaftlichem Wandel, globalen Entwicklungen und wirtschaftlichen Umbrüchen im Zeitverlauf begegnen müssen. In den letzten Jahrzehnten war neben zahlreichen Einzelfaktoren vor allem das Scheitern des Keynesianismus und die Ablösung durch den sog. Neoliberalismus Triebfeder des wohlfahrtsstaatlichen Umbaus in den westlichen Wohlstandsländern. Die jüngsten Veränderungen in den Strukturen moderner wohlfahrtsstaatlicher Systeme justierten das voraussetzungsvolle Verhältnis von Sozialpolitik und Erwerbsarbeit neu, wobei die strukturelle Zentralität der Erwerbsarbeit generell bestehen blieb.[199] Weitläufig ist bis heute zu beobachten, dass der Gestaltwandel von Erwerbsleben und Wohlfahrtsstaat sich wechselseitig verstärkt. Darüber hinaus ist die Ökonomie wie nie zuvor politisch geworden. Dies zeigt sich insofern, dass „sie im Wechselverhältnis zwischen wenigen, aber mächtigen globalen Akteuren klassische Aufgaben der Politik […] in einem bislang nicht da gewesenen Ausmaße mitbestimmt."[200]

Nach keynesianischer Theorie organisierte Staaten eignen sich einen größeren Teil der privatwirtschaftlichen Gewinne an, um im Sinne der nationalen Gesamtwirtschaft langfristig ein Gleichgewicht zwischen Produktion und Konsum herzustellen. Dazu greifen sie ordnend ins Wirtschaftsgeschehen ein, das gemäß John Maynard Keynes (1936) nur als „Spiel mit Regeln und Begrenzungen"[201] zugelassen werden darf. Besonders übermäßiges Sparen und Konsumverzicht schaden nach Keynes auf Dauer gesamtwirtschaftlichen Interessen. Entsprechend müssen Absatzmärkte groß gehalten und Konsum angeregt werden, um wirtschaftliches Wachstum zu beflügeln.[202] Der Keynesianismus hatte nach dem zweiten Weltkrieg seine Blütezeit, gestützt durch die

199 Vgl. Vogel 2010, S. 922
200 Boekh / Huster / Benz 2011, S. 17
201 Keynes, John Maynard (1936): Allgemeine Theorie der Beschäftigung, des Zinses und des Geldes; Berlin (7. Auflage 1994), S. 316
202 Vgl. ebd., S. 314

historischen Bedingungen (Schwächung des Privateigentums, stark regulierende Staatsregierungen, gestärkte Arbeiterbewegung) und ebenso begünstigt „durch eine Periode des mehr oder weniger ununterbrochenen, beschleunigten ökonomischen Wachstums mit außerordentlich hohen Profitraten, die soziale Zugeständnisse ökonomisch möglich machten."[203] Der wirtschaftliche Aufschwung der Nachkriegszeit bildete die Basis des sozialpolitischen Grundkonsens, der sich in der popularisierten Leitformel von einer „sozialen Marktwirtschaft" ausdrückte. In Deutschland wurde die finanzielle Kraft zu antizyklischer Konjunkturpolitik allerdings traditionell weniger aus Gewinnsteuern, als aus einer deutlichen Erhöhung der Staatsschulden gewonnen, deren Rückzahlung größtenteils unterblieb.[204] Roth (1999) spricht in Bezug auf die BRD deshalb zugespitzt von „Scheinkeynesianismus".[205] Für den im Laufe der 70er Jahre weitläufig einsetzenden, sukzessiven Niedergang des Keynesianismus sind mehrere Entwicklungen von Bedeutung, unter anderem fallende privatwirtschaftliche Profitraten, die graduelle Verschiebung des Kräfteverhältnisses zwischen Staaten und Privatkapital, steigende Zinsen und wachsende Staatsverschuldung sowie eine Zunahme von Vermögensanlagen und Finanzspekulationen zu Lasten von Sachinvestitionen.[206] Der ungefähr ab den 80ern allmählich aufkommende Neoliberalismus spiegelt in erster Linie die verschobenen Machtpositionen zwischen Regierungen und privatwirtschaftlichen Eliten wider, ist aber ebenfalls Ausdruck des Abebbens einer bestimmten Phase ökonomischer Entwicklung. Diese beiden Faktoren sind mit Sicherheit wesentliche Auslöser des „rapiden Wandels der ökonomischen, politischen und sozialen Strukturen in allen westlichen Industrieländern".[207] Als weitere Ursachen sind z.B. Globalisierung, Tertiarisierung und technologischer Fortschritt zu benennen.

Im Neoliberalismus manifestieren sich, so Roth (1999), aggressive Erfordernisse eines krisenhaften Stadiums der Kapitalverwertung, wobei die Aggressivität der Ideologie und ihrer üblichen Rechtfertigung den Druck auf die Profitraten ausdrücke.[208] Gängige neoliberale Theorien fußen auf einer rein betriebswirtschaftlichen Logik und vertrauen auf die Mechanismen freier Märkte, auch im Hinblick auf Lebenschancen und soziales Miteinander. Der Neoliberalismus setzt im Unterschied zum Keynesianismus vorrangig auf „nach oben gerichtete" staatliche Subventionen ohne entsprechenden Staatseinfluss;

---

203 Roth 1999, S. 379
204 Im Jahr 1969 wurde in der BRD zum Zweck der erleichterten Schuldenaufnahme sogar Art. 115 des Grundgesetzes geändert.
205 Roth 1999, S. 375
206 Vgl. ebd., S. 372 ff.
207 Schmid 2010, S. 29
208 Vgl. Roth 1999, S. 386 f.

er steht daher letztlich für den Abbau Autonomie-stärkender Staatszuschüsse und Regularien für die Masse der Lohnabhängigen und für einen direkten wie indirekten Ausbau von Subventionen zugunsten der Wirtschaftsspitzen. Speziell der moderne Wohlfahrtsstaat wird als Einschränkung der individuellen Freiheit und als ökonomisch hinderlich angegriffen.[209] Die von den Vertretern des Neoliberalismus konkret geforderte „Freiheit" ist hier als eine Freiheit zum Vorteil des Stärkeren definiert, denn reale soziale Machtverhältnisse sollen keinesfalls berücksichtigt oder ausgeglichen werden – im Gegenteil wird darauf abgezielt, Lohnarbeiter gegenüber dem Kapital möglichst schutzlos zu machen. Neoliberale argumentieren offen, soziale Ungleichheit sei wirtschaftlichem Erfolg förderlich. Ziel ist, durch die Stärkung der Angebotsseite auf den Märkten Wirtschaftswachstum anzuregen. Durch den Umstand, dass diese Argumentation weder vernünftig verifizierbar, noch falsifizierbar ist, lässt sich der Neoliberalismus als rein ideologisch verstehen.[210] Auch empirische Beweise für die Wirksamkeit neoliberaler Politik existieren nicht. Bleibt zu erwähnen, dass es historisch gesehen gerade Marktmechanismen waren, die zunehmend staatliche Interventionen erforderlich gemacht haben. „Der Markt [...] löst aus sich heraus keine sozialen Probleme, sondern schafft und verschärft diese vielmehr."[211]

Der mangelnde Erfolg des Keynesianismus oder dessen politischer Umsetzung hat das Aufkommen des Neoliberalismus zweifellos unterstützt. „Seinerseits begünstigt das Scheitern des Neoliberalismus das Wiederaufleben des Keynesianismus"[212] – ein relativ anschauliches Beispiel dafür ist die sog. Umweltprämie / „Abwrackprämie", die die Bundesregierung 2009 im Rahmen des Konjunkturpakets II vorübergehend eingeführt hatte. Käufer eines neuen PKW oder eines Jahreswagens erhielten bei gleichzeitiger Verschrottung ihres alten Fahrzeugs eine staatliche Prämie von 2500 Euro, weil viele Fahrzeughersteller ihre Produkte sonst nicht mehr in ausreichenden Mengen absetzen konnten.

Keynesianisch ausgerichtete Nationalstaaten versuchten, durch eine makroökonomische Steuerung der Nachfrage Vollbeschäftigung und Wirtschaftswachstum zu schaffen. Diese an J. M. Keynes orientierte Regulationsform wird in der Wissenschaft zumeist als „welfare-state" charakterisiert, „da sie in besonderem Maße auf die Steigerung der Wohlfahrt der Gesellschaftsmitglieder und die Verallgemeinerung des kollektiven und

209 Vgl. ebd., S. 380 ff.
210 Vgl. Boekh / Huster / Benz 2011, S. 430
211 Bäcker et al. 2008, S. 44
212 Roth 1999, S. 388

des Massenkonsums ausgerichtet war".[213] Neoliberale Regulationsformen seien, so die herrschende Meinung, dem entgegen eher schumpeterianisch[214], weil sie permanente Innovation und Flexibilität fördern und die Wettbewerbsfähigkeit der regionalen Ökonomie steigern wollen. Aufgrund der Tatsache, dass sie die Sozialpolitik den Zielen der Arbeitsmarktflexibilität und Wettbewerbsfähigkeit unterordnen, werden sie häufig als „workfare-state" oder „workfare-regime" bezeichnet.[215]

Abkommen und Regelungen im Bereich des internationalen Handels führten dazu, dass all diejenigen Arbeitsplätze, die an weltweit handelbare Güter und Dienstleistungen geknüpft sind, verstärkt globalem Wettbewerb ausgesetzt wurden. Da dem politisch vorangetriebenen Zusammenwachsen der Märkte so gut wie keine „sozial-, steuer- und lohnpolitische Harmonisierung"[216] folgte, wurde ein allseitiger Druck zur Verlagerung sozialer Kosten erzeugt. Hauptmerkmale des früheren keynesianischen welfare-state, der weitestgehend national fokussiert war, sind ein hoher Grad an Dekommodifizierung, sozialem Ausgleich und sozialstaatlicher Regulierung. Sein Finanzierungskonzept gründet hochgradig auf Gewinnsteuern und einer gewissen Kostenbelastung der Arbeitsplätze. Das heute vorherrschende, post-nationale schumpeterianische workfare-regime ist dagegen auf Kommodifizierung und Deregulierung ausgerichtet. Dahinter steht eine überwiegend Markt-zentrierte Regierungsstrategie, Produktionskosten zu senken und Standorte ökonomisch attraktiv bzw. erfolgreich zu halten.

Der Wandel vom welfare-state zum workfare-regime ging in den betroffenen Wohlstandsländern einher mit einer fortschreitenden Auflösung des nationalen Moments und der Erosion der Staatsdominanz in wirtschaftsnahen Bereichen. Verdeutlicht wird dies z.B. im Schröder-Blair-Papier: „Einige Probleme lassen sich jetzt nur noch auf europäischer Ebene lösen. Andere, wie die jüngsten Finanzkrisen, erfordern eine stärkere internationale Zusammenarbeit.[217] Im Zusammenhang mit der politischen Neuorientierung wird dort auch der Staat als Akteur gegenüber der Wirtschaft abgewertet. Schmid (2010) betont, dass gerade Finanzinstitutionen wie Börsen und Notenbanken aktuell an Einfluss gewinnen.[218] Durch eine Vielfalt von komplexen Mehrebenenstrukturen, etwa zwischen der Europäischen Union, den nationalen Staaten und deren Binnengliederung, „zerfasert das Verhältnis von Sozialstaatlichkeit und

---

213 Mohr 2009, S. 50
214 Nach dem bedeutenden österreichisch-amerikanischen Ökonomen Joseph A. Schumpeter
   (1883-1950)
215 Vgl. Mohr 2009, S. 50
216 Boekh / Huster / Benz 2011, S. 113
217 Schröder, Gerhard / Blair, Tony (1999): Der Weg nach vorne für Europas Sozialdemokraten; London
218 Vgl. Schmid 2010, S. 113

Wirtschaftsgeschehen"[219] zusätzlich, wie Boekh / Huster / Benz (2011) hervorheben. Innerhalb der EU ist auffällig, dass die nationalen Sicherungssysteme offensichtlich zum Bestandteil der Standortkonkurrenz geworden sind. Koordinationsbemühungen finden hauptsächlich bei der Geld- und Fiskalpolitik statt, vergleichbare sozialpolitische Konvergenzstrategien sind nicht erkennbar.

Es zeigt sich indessen ein Prozess gleichgerichteter Entwicklungen in den westlichen Wohlfahrtsstaaten, der auch mit einer Verschiebung von sozialen Normen einhergeht. Zwar existieren in den verschiedenen Ländern durchaus Unterschiede in der Ausgestaltung ihrer workfare-regimes, das ideologische Grundgerüst ist jedoch immer dasselbe: „Während Welfare die [erwerbslosen] Subjekte als Leistungsempfänger konstruiert, rekonstituiert Workfare sie als aktive Arbeitssuchende."[220] Sozialpolitik erfährt dabei eine zunehmende Funktionalisierung zur Sicherung und Gangbarmachung des örtlichen Humankapitals im Standortwettbewerb. Als universelles Hauptargument für die diesbezügliche Instrumentalisierung von Sozialleistungen dient neben steigenden wirtschaftlichen Zwängen insbes. das Wohl der Gemeinschaft, das es unter schwierigen Bedingungen zu bewahren gelte. „Die Betonung liegt hierbei auf der Verantwortung des Einzelnen gegenüber der Gesellschaft bzw. für das Allgemeinwohl und einer daraus abzuleitenden sozialen Pflicht zur Eigenverantwortung, die denjenigen aufgezwungen werden müsse, die sich ökonomischen Erfordernissen auf Kosten der Allgemeinheit entziehen."[221] Der Übergang vom welfare-state zum workfare-state / workfare-regime wird deshalb auch als eine Umstellung „vom fürsorgenden zum aktivierenden Staat"[222] aufgefasst.

Im europäischen Vergleich fand die paradigmatische Wende von welfare zu workfare in der BRD relativ spät statt, dafür aber ziemlich abrupt, zumindest was die praktische Umsetzung betrifft. Der Paradigmenwechsel wurde höchstwahrscheinlich durch die deutsche Wiedervereinigung verzögert, für die die Bundesregierung in den frühen 90ern kurzfristig wieder expansiv auf keynesianische Haushaltsprogramme zurückgriff. Die Wiedervereinigung schob „gewissermaßen den Ausbruch der sozialen Krise hinaus."[223] Der Wandel vom welfare-state zum workfare-regime erstreckte sich in Deutschland

219 Boekh / Huster / Benz 2011, S. 446
220 Mohr 2009, S. 51
221 Petzold 2009, S. 58
222 Dingeldey 2011, S. 19
223 Streckeisen, Peter (2012): „Wege zur neuen Prekarität" In: Scherschel, Karin / Streckeisen, Peter / Krenn, Manfred (Hrsg.): Neue Prekarität. Die Folgen aktivierender Arbeitsmarktpolitik – europäische Länder im Vergleich; Frankfurt a. M., S. 190

einerseits über gut zwei Jahrzehnte, andererseits wurde mit den Hartz-Reformen ein abrupter „historischer Bruch"[224] vollzogen. Dieser Bruch bedeutete eine radikale Veränderung ideologischer Grundlagen, politischer Ziele und Annahmen sowie eine Neuinterpretation des Sozialstaatsgedankens an sich. Das in der Bundesrepublik lange Zeit vorherrschende Bild eines eingehegten, kontrolliert stattfindenden Kapitalismus, welcher hier gar zu einer sozialen Marktwirtschaft geformt würde, erfuhr damit eine nachhaltige Beschädigung.[225] Gleichwohl wurde mit dem Umbau des Sozialschutzes den seit 1999 bestehenden Forderungen der Europäischen Kommission nach „notwendiger" Effizienzsteigerung bei den öffentlichen Leistungen, Ausbau aktivierender Maßnahmen zur „sozialen Eingliederung" und Prioritätserhöhung des Arbeitsmarkts entsprochen.[226]

Den Hartz-Gesetzen liegt zweifelsfrei ein kapitalistisch-ökonomisches Verständnis von menschlicher Arbeitskraft als Ware zugrunde, die den Bedingungen des Marktes angepasst werden muss. Im Kontext der Neuformulierung sozialdemokratischer Politik bildeten sie „den Kernbestand eines umfassenden Reformpakets, das dazu dienen sollte, die internationale Wettbewerbsfähigkeit der deutschen Wirtschaft zu stärken und die Sozialausgaben zu begrenzen".[227] Demzufolge galt es, allgemeine Ansprüche an „gute" Arbeit neu zu definieren und die Konzessionsbereitschaft Erwerbsloser zu erhöhen, was vornehmlich über diverse Zwangsmechanismen in Verbindung mit einer ideologischen Aufwertung der Arbeit geschah. Ferner verfolgt die dahinterstehende Politik eine erzieherische Richtung auf gesamtgesellschaftlicher Ebene, forciert ein Umdenken in der Bevölkerung – was auch in der energischen Betonung von Eigenverantwortlichkeit zum Ausdruck kommt. Darin liegt im Grunde genommen der eigentliche Ansatz von workfare, denn „die durch den Wohlfahrtsstaat produzierte Kultur wirkt [...] als externe Größe strukturierend auf das Denken und Handeln einzelner Personen zurück."[228] Derzeit betrachten die Deutschen den Sozialstaat noch als generell „verantwortlichen Akteur zur Absicherung von Lebensrisiken"; die Aufgabe, Alter, Armut, Krankheit und Arbeitslosigkeit abzusichern, sehen die Bundesbürger gegenwärtig „mehrheitlich in der Verantwortung des Staates und nicht bei jedem Einzelnen".[229] Diese Haltung will der

---

224 Ebd.
225 Vgl. ebd.
226 Siehe Kommission der Europäischen Gemeinschaften (1999): Eine konzentrierte Strategie zur Modernisierung des Sozialschutzes; Mitteilung; Brüssel, S. 1 f.
227 Mohr 2009, S. 53
228 Lippl 2008, S. 6
229 Ebd., S. 43

„aktivierende Sozialstaat"[230] aufweichen und mittelfristig durch eine neue Sichtweise ersetzen, die Lessenich (2008) folgendermaßen darlegt: „Mit der Aktivierung sozial verantwortlicher Eigenaktivität der Individuen etabliert sich ein neues sozialstaatliches Relationierungsmuster, das die Subjekte gleichsam *uno actu* mit sich selbst (ihrem 'Eigeninteresse') und mit der gesellschaftlichen Gemeinschaft (dem 'Gemeinwohl') in Beziehung setzt."[231] So sollen strukturelle, gesamtgesellschaftliche Probleme zunehmend individualisiert, gemeinschaftliche bzw. staatliche Verantwortlichkeiten vermehrt auf die einzelnen Bürger übertragen werden. Jeder Bedürftige, der sich nicht konform verhält oder verhalten hat, zu passiv bleibt oder nicht nach Vorgabe handelt, wird dadurch letztendlich zum Schuldigen erklärt, der nicht nur sein eigene Situation größtenteils selbst zu verantworten hat, sondern darüber hinaus die Gesellschaft ungebührlich belastet. Sicherlich auch ein Stück weit der politische Versuch, die strengeren Anforderungen, niedrigeren Leistungen und härteren Sanktionen innerhalb der neuen Formen sozialer Sicherung zu legitimieren. Einige Experten, wie z.B. der Soziologe Klaus Dörre, verstehen die ausgebauten Kontroll- und Aktivierungselemente unter kapitalismustheoretischen Gesichtspunkten als „Teil eines Disziplinarregimes, das durch Prekarisierung konstituiert wird".[232]

Die Philosophie der Aktivierungspolitik basiert laut Hartz-Kommission (2002) auf der gesetzgeberischen „Erwartungshaltung [...], den materiellen und nichtmateriellen Leistungen [...] im Sinne der Schadensminderungspflicht durch ein angemessenes, zielführendes Verhalten zu begegnen."[233] In offiziellen Worten des Bundesministeriums für Arbeit und Soziales (2005): „Niemand bekommt [mehr] Sozialleistungen ohne Prüfung und ohne Gegenleistung im Rahmen seiner Möglichkeiten."[234] Man dürfe den Sozialstaat nicht „mit einer Melkkuh verwechseln, die man jederzeit nach Belieben anzapfen kann".[235] Es wurde also implizit vermittelt, dass der bisherige Sozialstaat systematisch Fehlverhalten begünstigt und überdies zum Leistungsmissbrauch geradezu herausgefordert habe – die Reformen stellten aus dieser Perspektive, obwohl deren Fokus insbes. auf dem Abbau der Langzeitarbeitslosigkeit lag, auch eine politische Reaktion auf dringend korrekturbedürftige Umstände dar, die schlichtweg nicht mehr zu

---

230 Lessenich 2008, S. 77
231 Ebd.
232 Scherschel / Streckeisen / Krenn 2012, S. 10
233 Peter Hartz et al. (2002) zit. nach Lessenich 2008, S. 89
234 Bundesministerium für Wirtschaft und Arbeit (2005): Vorrang für die Anständigen – Gegen Missbrauch, „Abzocke" und Selbstbedienung im Sozialstaat. Ein Report vom Arbeitsmarkt im Sommer 2005; Berlin, S. 28
235 Ebd., S. 20

tolerieren waren. Empirische Untersuchungen beweisen jedoch, dass lediglich ca. 5% der Hilfeempfänger Missbrauch von Sozialleistungen betreiben. Dagegen werden bis zu 50% von regulär zustehenden staatlichen Leistungen aufgrund gesellschaftlicher und administrativer Schwellen gar nicht erst in Anspruch genommen.[236] Die von Roth (1999) angesprochene Aggressivität im Wesen wie in der Rechtfertigung neoliberaler Politik, wie der mit den Hartz-Gesetzen erfolgten, sind nach Lessenich (2008) auch mit der Funktion des Staates als „zentrales institutionelles Scharnier" zu begründen. Der aktivierende Sozialstaat sei dabei Treibender und zugleich Getriebener des modernen flexiblen Kapitalismus.[237] Fakt ist, die Sozialgesetzbücher II und XII unterteilen Arme in zwei Kategorien, wobei die eine, die der Erwerbsfähigen, im Hilfebezug systematisch Pflichten, Zumutungen und Strafen unterworfen wird, während die andere, die der Nicht-Erwerbsfähigen, in der Regel soweit unbehelligt bleibt, wie die ihr zugehörigen Personen Kooperationsbereitschaft zeigen und sich tatsächlich als bedürftig und arbeitsunfähig erweisen.

Wie bereits verdeutlicht wurde, fanden im Rahmen der jüngsten wohlfahrtsstaatlichen Umgestaltung in der BRD erhebliche Leistungskürzungen statt; genauso wurden in vielen Fällen der Zugang zu Sozialleistungen erschwert und die Bezugsbedingungen verschlechtert. Die Zunahme relativer Armut und sozialer Ungleichheit in den letzten Jahren muss in Deutschland weitgehend auch als eine Folge dieser Maßnahmen aufgefasst werden. Der sozialstaatliche Grundsatz, der aus Art. 20 Abs. 1 und Art. 28 Abs. 1 Satz 1 des Grundgesetzes abzuleiten ist und als Staatszielbestimmung soziale Sicherheit und Gerechtigkeit bezweckt, scheint somit an politischem Gewicht verloren zu haben. Grundsätzlich ist ein Rückbau des Sozialstaats und der sozialen Sicherungssysteme aus verfassungsrechtlicher Sicht in hohem Maße möglich. Allerdings leitet eine daraus resultierende Infragestellung von Lebensbedingungen durch die Politik bzw. den Staat Delegitimationsprozese ein, die auf vielfältige Weise zum Ausdruck kommen können.[238] Statistische Erhebungen weisen z.B. darauf hin, dass die Akzeptanz von Politik und Parteien seit den Reformen erodiert; die Ansicht, dass durch Wahlen nichts bewirkt werden könne, ist in Deutschland mittlerweile weit verbreitet.[239] Dazu kommt, dass die Sinnhaftigkeit der Kürzungspolitik im Hinblick auf

236 Vgl. z.B. Wolf, Michael (2008): „Die Reform der Hartz IV-Reform: Verfolgungsbetreuung plus" In: UTOPIE kreativ 213/214, S. 602
237 Lessenich 2008, S. 77
238 Vgl. Boekh / Huster / Benz 2011, S. 19
239 Vgl. Müller-Hilmer 2006, S. 8 ff.; siehe auch Lippl 2008, S. 3

die offiziell erklärten Zielsetzungen selbst in Fachkreisen nicht unumstritten ist. Im internationalen Vergleich lässt sich z.B. keine Korrelation zwischen der Leistungshöhe der Arbeitslosenunterstützung (Einkommensersatzquote) und der Arbeitslosenquote respektive dem Anteil langzeitarbeitsloser Hilfebezieher feststellen.[240] Zwischen den Variablen „Sozialleistungsniveau", „wirtschaftliche Wachstumsrate", „Beschäftigungs- bzw. Arbeitslosigkeitsniveau" sind in sämtlichen bisherigen Analysen keine eindeutigen Zusammenhänge zutage getreten.[241]

Als Sozialstaat ist die Bundesrepublik verpflichtet, gesellschaftlichen Komplikationen und negativen sozialen Folgen der kapitalistisch-marktwirtschaftlichen Ökonomie entgegenzuwirken. Normativ basiert das soziale Sicherungssystem in der BRD im Wesentlichen auf einer beständigen Verbindung von Eigenverantwortung, Solidarität und Subsidiarität. Diese drei Grundprinzipien deutscher Sozialstaatlichkeit unterliegen der politischen Bewertung und Konkretisierung; sie bieten dem Gesetzgeber Spielraum zur Gestaltung, bergen aber jeweils auch Potential für kritische Auseinandersetzungen. Momentan findet hierzulande eine sozial-normative Akzentverschiebung statt, bei der das Prinzip der Eigenverantwortung in Teilen umgedeutet und stark in den Vordergrund gestellt wird. Auch das Subsidiaritätsprinzip erfuhr insoweit einen Wandel, dass die Voraussetzungen für vorleistungsfreie Hilfen modifiziert wurden. Solidarität im Sinne des Solidaritätsprinzips wurde im Zuge der Reformpolitik vermehrt auf Teilsegmente der Gesellschaft konzentriert. Gestärkt wird, so Boekh / Huster / Benz (2011) „das Moment der Eigenverantwortung vor dem der Solidarität".[242]

Die bundesdeutsche Bevölkerung ist mit den aktuellen Entwicklungen und den sozialstaatlichen Umstrukturierungen eindeutig nicht zufrieden. „Immer mehr geben an, heute schlechter dazustehen als noch zur Zeit der Wende."[243] Fast die Hälfte der Deutschen fühlen sich im Alter und bei Arbeitslosigkeit schlecht abgesichert, rund ein Viertel bewertet die Absicherung im Krankheitsfall als mangelhaft.[244] Die Mehrheit der Bundesbürger wünscht sich den Marktkräften gegenüber „einen stärkeren Staat und seinen umverteilenden Eingriff in die Gesellschaft und ihre Verteilungsprozesse"[245] – also tendenziell das Gegenteil von dem, was gegenwärtig geschieht. Die Politik begründet ihr Vorgehen als Reaktion auf gegebenheitsbedingte Erfordernisse, hat die

---

240 Vgl. Boekh / Huster / Benz 2011, S. 390
241 Vgl. Bäcker 2008, S. 81
242 Boekh / Huster / Benz 2011, S. 192
243 Lippl 2008, S. 43
244 Vgl. ebd.
245 Ebd., S. 44

Gegebenheiten, die ihr Handeln rechtfertigen sollen, aber hochgradig und aktiv mit herbeigeführt. In diesem Zusammenhang stellt sich die Frage, inwieweit die dargestellten Prozesse mit einer Entdemokratisierung der Gesellschaft einhergehen. Die geradezu Normalität gewordene politische Einmischung und Mitbestimmung der Konzern- und Finanzeliten ist beispielsweise in keiner Weise demokratisch legitimiert. Außerdem ist die deutsche Sozialpolitik mehr denn je in den sich eng aufeinander beziehenden Sozialraum Europa eingebettet, wenn auch die eigentliche Handlungsebene der nationale Sozialstaat geblieben ist. Nach Boekh / Huster / Benz (2011) „sind die europäischen Strukturen weder staatsrechtlich noch unter dem Aspekt der Bürgerbeteiligung als hinreichend demokratisch einzustufen.“[246] Garfinkel et al. (2010) führen aus, dass Demokratie wohlfahrtsstaatlichen Fortschritt und eine ausgleichende Umverteilung befördert.[247] Die Forscher verweisen bezüglich der Interessenlage am und im Wohlfahrtsstaat auf einen interessanten Punkt: „If, however, only the top fifth can vote, they would likely decide to provide little to no welfare state programs.“[248] Selbst wenn sich diese Aussage nur auf die USA bezieht, liefert sie doch gewisse Hinweise auf Interessenträger, politische Entscheidungsstrukturen und die Hintergründe neoliberaler Politik in unserem Land.

Kritisch gesehen werden muss auch der mit den Reformen erfolgte Abbau von Rechten für Arbeitnehmer und für diejenigen Bevölkerungsanteile, die zeitweise komplett oder weitgehend auf staatliche Unterstützung angewiesen sind. Gerade die hierzulande fortschreitende „Entrechtung der Arbeitskraftbesitzer“[249] stellt sich im Leistungsbezug als eine Aushöhlung elementarer Bürgerrechte dar, die oft sogar Einschnitte in grundrechtlich begründete Sicherheiten bedeutet.[250] Einer freiheitlichen Gesellschaft dürfte das Konzept des workfare-regimes ohnehin auf Dauer nicht zuträglich sein, denn in einer freiheitlichen demokratischen Ordnung, wie sie der BRD zugrunde liegt, ist „der Einzelne zwar [...] der öffentlichen Gewalt unterworfen, aber nicht Untertan, sondern Bürger. [...] Mit dem Gedanken des demokratischen Staates wäre es unvereinbar, dass zahlreiche Bürger, die als Wähler die Staatsgewalt mitgestalten, ihr gleichzeitig hinsichtlich ihrer Existenz ohne eigenes Recht gegenüber ständen.“[251]

---

246 Boekh / Huster / Benz 2011, S. 440
247 Vgl. Garfinkel et al. 2010, S. 27 f.
248 Ebd., S. 28
249 Wolf 2008, S. 594
250 Vgl. Petzold 2009, S. 67 ff.
251 BVerwGE 1/161 f.

Im nächsten Kapitel soll eine Auseinandersetzung mit dem maßgeblichen Verständnis von Gerechtigkeit, Armut und Ungleichheit im gewandelten Sozialstaat erfolgen. Gerechtigkeitsdefinitionen und Gerechtigkeitsempfinden sind fundamental auf soziale Zusammenhänge bezogen und spielen daher eine essenzielle Rolle, wenn es um Änderungen im Sozialen geht. Dass die herrschenden Verhältnisse zunehmend als ungerecht empfunden werden, wurde schon mehrfach kurz angeschnitten. Aber auch die regierungsseitige Wahrnehmung und Interpretation sowie der politische Umgang mit Armut und sozialer Ungleichheit sollen im Folgenden noch einmal genauer beleuchtet werden.

3.2 Armuts-, Ungleichheits- und Gerechtigkeitsaspekte im deutschen Sozialstaat der Gegenwart

Bislang wurde dargelegt, dass durch politische Maßnahmen im neuen Jahrtausend eine Zunahme von Armut und sozialer Ungleichheit in der Bundesrepublik bewirkt wie auch begünstigt wurde. Im vorangegangenen Kapitel sind einige wesentliche Gründe dafür aufgezeigt worden. Nationale Sozialpolitik ist heute zunehmend mit ökonomischer und politischer Entgrenzung konfrontiert und an globale Wirtschaftsprozesse geknüpft, die auf Senkung von standortbezogenen Steuerbelastungen und Sozialabgaben insistieren und soziale Ungleichheit vorantreiben.

Ein Resultat dieser Entwicklung ist, dass trotz allgemeiner Wohlstandsmehrung immer weniger für soziale Umverteilungsprozesse zur Verfügung steht.[252] Ebenso bringt eine prosperierende Ökonomie seit der Jahrtausendwende in vielen Industrienationen gerade im unteren Segment der Markteinkommen kaum noch positive Effekte mit sich, wie jüngere Forschungen belegen.[253] Demnach hat die von Wissenschaftlern vertretene Auffassung, dass Wirtschaftswachstum soziale Risiken in Wohlfahrtsstaaten verringert und deren sozialpolitischen Handlungsspielraum vergrößert[254], in jüngster Zeit etwas an Gültigkeit eingebüßt. Nichtsdestotrotz bleibt Wirtschaftswachstum zentrales politisches Ziel, denn „konkrete Berechnungen belegen, wie sich beispielsweise ein Plus oder Minus bei den Löhnen bzw. ein Mehr oder Weniger an Beschäftigung auf Seiten der Sozialversicherung und beim Steuereinkommen direkt niederschlagen".[255] Sozialpolitik bedingt und befördert ökonomischen Fortschritt, wirkt hier zugleich aber auch belastend und kann wirtschaftlichen Aufschwung unter Umständen beeinträchtigen. Sie agiert in einem Spannungsfeld zwischen sozialen Sicherheits- und Gerechtigkeitsbedürfnissen der Bürger und marktwirtschaftlichen Funktionsprinzipien.

Vorstellungen über Gerechtigkeit sind weithin uneinheitlich. Die politischen Akteure der Bundesrepublik scheinen allerdings ein Gerechtigkeitsverständnis zu vertreten, das in elementaren Punkten nicht unbedingt dem der Bevölkerungsmehrheit entspricht: Während Parlamentarier die heutigen wirtschaftlichen Verhältnisse in der BRD z.B. überwiegend als gerecht empfinden, werden diese von der Bevölkerung mehrheitlich als

---

252 Vgl. Boekh / Huster / Benz 2011, S. 145
253 Vgl. z.B. Kenworthy 2011, Kap. 3, S. 13 f.
254 Vgl. ebd., Kap. 2, S. 2 ff.
255 Boekh / Huster / Benz 2011, S. 144

ungerecht betrachtet.[256] Diese Divergenz könnte sich ein Stück weit dadurch erklären, dass soziale Gerechtigkeit prinzipiell aus zwei Perspektiven beurteilt werden kann. Die eine Frage ist, ob man sich von Ungerechtigkeit betroffen fühlt, die andere, ob man die Wohlfahrtsverteilung insgesamt für gerecht oder ungerecht hält.[257]

Aus den drei Hauptgrundsätzen deutscher Sozialstaatlichkeit – Eigenverantwortung, Solidarität und Subsidiarität – leiten sich normative Gerechtigkeitsvorstellungen ab; auch wenn soziale Gerechtigkeit als normative Kategorie nicht wirklich objektiv und abschließend definierbar ist, so ist sie dennoch nicht beliebig.[258] Den theoretischen Grundprinzipien der Sozialpolitik in Deutschland entspringen Vorstellungen von Leistungsgerechtigkeit, solidarischer Gerechtigkeit und subsidiärer, vorleistungsfreier Gerechtigkeit. Mit der bereits erwähnten politischen Gewichtungsverschiebung bei den Sozialstaatsgrundsätzen ging ebenfalls eine Neubewertung dieser drei normativen Gerechtigkeitsbilder einher. Der solidarische Gerechtigkeitsaspekt hat dabei an Gewicht verloren, der der Eigenverantwortung stark an Bedeutung gewonnen. Der Gedanke von subsidiärer Gerechtigkeit wurde in großen Teilen neu interpretiert. Dies kommt z.B. dadurch zum Ausdruck, dass die Inanspruchnahme vorleistungsfreier Leistungen vermehrt eine hypothetische Verknüpfung mit persönlichen Defiziten erfuhr. Vor allem aber wurde die traditionelle Verbindung von Eigenverantwortung, Solidarität und Subsidiarität als weitgehend gleichrangige Elemente sozialer Gerechtigkeit gelockert, in dem man die Leistungsgerechtigkeit quasi zum Leitprinzip erhoben hat.[259]

Die politische Geltungskraft der Bedarfsgerechtigkeit, die solidarische und subsidiäre Gerechtigkeitsaspekte vereint, hat gegenüber einer übersteigerten und relativ einseitigen Auffassung von Leistungsgerechtigkeit abgenommen, die klar neoliberale Züge trägt. Nicht umsonst spielen diejenigen Menschen im Land, die nicht arbeiten und z.B. als Erben von den Zinserträgen ihrer Vermögen leben, keine Rolle in entsprechenden Debatten. Die Zuschreibung von Leistung und damit verbundenes Gerechtigkeitsdenken beschränkt sich hierbei allein auf den Arbeitsmarkt. „Sozialpolitisch gilt es als leistungsgerecht, wenn sozialstaatlich subventionierte marktexterne Existenzweisen

---

256 Vgl. Vehrkamp, Robert B. / Kleinsteuber, Andreas (2007): „Soziale Gerechtigkeit – Ergebnisse einer repräsentativen Parlamentarier-Umfrage" In: Empter, Stefan / Vehrkamp, Robert B. (Hrsg.): Soziale Gerechtigkeit – eine Bestandsaufnahme; Gütersloh, S. 284 ff.

257 Vgl. Glatzer, Wolfgang (2009): „Gefühlte (Un)Gerechtigkeit" In: ApuZ – Aus Politik und Zeitgeschichte 47/2009, S. 16

258 Vgl. Empter, Stefan / Vehrkamp, Robert B. (Hrsg.) (2007): Soziale Gerechtigkeit – eine Bestandsaufnahme; Gütersloh, S. 7

259 Vgl. Boekh / Huster / Benz 2011, S. 177

durch Leistungskürzungen und verschärfte Zugangsbedingungen eingeschränkt werden."[260] Im Zusammenhang mit den aktuellen Entwicklung sind etwa seit Mitte der 90er Jahre in der BRD zwei weitere Gerechtigkeitsparadigmen auf dem Vormarsch – das Paradigma der produktivistischen Gerechtigkeit und die dem eher entgegenstehende Vorstellung von Teilhabegerechtigkeit. Teilhabegerechtigkeit beruht im Wesentlichen auf der Auffassung, dass in einer wohlhabenden Gesellschaft jedem Einzelnen grundsätzlich ein gewisser Standard sozialer Teilhabe zusteht, wobei sich diese Ansicht nicht allein auf eine ökonomische Ebene beschränkt, sondern im weiteren Sinne zu verstehen ist und so beispielsweise auch ein Ideal weitgehender politischer Partizipation und niedriger struktureller Schwellen, z.B. im Bildungssystem, umfasst. Die Idee produktivistischer Gerechtigkeit, oftmals auch als funktionalistische Gerechtigkeit bezeichnet, ist eine durchweg zukunftsgerichtete Gerechtigkeitsvorstellung; ihr primäres Referenzsystem ist der Markt.[261] Sie basiert auf der Annahme, dass soziale Ungleichheit bzw. Verteilungsungleichheit im Zeitverlauf zu einer Steigerung des allgemeinen Wohlstands führt. Das Konzept wird vor allem von der Wirtschaft getragen.[262]

Während Umfragen zufolge in den 60er und 70er Jahren die ökonomischen Gegebenheiten in Deutschland mehrheitlich noch als gerecht beurteilt wurden, sank ab den 80ern der Anteil der Gerecht-Empfindenden deutlich unter den der Ungerecht-Empfindenden, wie z.B. der Soziologe Wolfgang Glatzer (2009) darlegt. „Diese Entwicklung erfuhr 2008 eine dramatische Zuspitzung [...] [es] finden sich viermal so viele 'Ungerechtigkeitsurteile' wie 'Gerechtigkeitsurteile'. Eine Expansion des Ungerechtigkeitsgefühls zeichnet sich ab."[263]

Die „ideelle Dynamik des Wohlfahrtsstaats"[264] wird in der Bundesrepublik momentan stark anhand der Wechselwirkungen zwischen geänderten politischen Wertideen und der sozialstaatlichen Umgestaltung ersichtlich. Es wurde bereits erläutert, dass mit der sozialstaatlichen Neuausrichtung der BRD auch auf ein entsprechendes Umdenken in der Bevölkerung abgezielt wurde. Bodo Lippl (2008) zeigt auf, dass die neoliberale Politik dieses Ziel bislang nicht erreicht hat; vielmehr lässt sich ein gegenteiliger Effekt feststellen. So haben die sozialpolitischen Reformen im neuen Jahrtausend nicht zu

---

260 Leisering, Lutz (2007): „Gerechtigkeitsdiskurse im Umbau des deutschen Sozialstaats" In: Empter, Stefan / Vehrkamp, Robert B. (Hrsg.): Soziale Gerechtigkeit – eine Bestandsaufnahme; Gütersloh, S. 87
261 Vgl. ebd., S. 86
262 Vgl. ebd., S. 88
263 Glatzer 2009, S. 18
264 Leisering 2007, S. 77

einem Anstieg des Individualismus geführt. Obwohl er als Kern der Reformmaßnahmen hin zu einer aktivierenden Sozialpolitik betrachtet werden muss und eine ideologische Aufwertung erfahren sollte, „ist der Individualismus in beiden Landesteilen von 2000 auf 2006 dramatisch eingebrochen, während im selben Zeitraum der Egalitarismus mit dem Staat als umverteilenden und damit ausgleichenden Hoffnungsträger [...] deutlich an Zuspruch gewonnen hat."[265]

Der nachweisliche Zuwachs relativer Armut und sozialer Ungleichheit seit dem Jahrtausendwechsel schlägt sich in den gegenwärtigen Gerechtigkeitswahrnehmungen der Bundesbürger nieder (Abb. 3). „Die soziale Ungleichheit sowie die Unterschiede zwischen Arm und Reich stehen bei der Beurteilung der Ungerechtigkeit der Einkommens- und Vermögensverteilung im Vordergrund. [...] Gefragt nach der Wohlstandsverteilung beurteilten 79 Prozent der Westdeutschen im Jahr 2008 diese als ungerecht, unter den Ostdeutschen lag dieser Anteil sogar bei 85 Prozent."[266] Untersuchungen beweisen, dass der Interessenkonflikt zwischen Arm und Reich die größte Bedeutung unter den wahrgenommenen Konflikten in Deutschland hat.[267] Gerade die derzeit vielfach vorherrschenden Paradigmen von Leistungsgerechtigkeit und produktivistischer Gerechtigkeit lassen sich kaum glaubwürdig vermitteln, wenn die hohen Einkommen extrem hoch und für die meisten Menschen im Land unerreichbar sind.

---

265 Lippl 2008, S. 33
266 Glatzer 2009, S. 18
267 Vgl. ebd., S. 20

Die Entwicklung der sozialen Gerechtigkeit in Deutschland 1987-2008

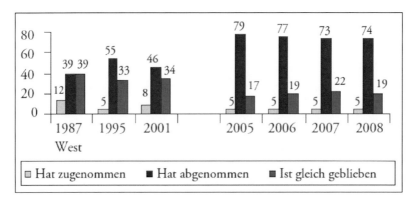

Abbildung 3: „Hat die soziale Gerechtigkeit bei uns in den letzten drei, vier Jahren zugenommen, abgenommen oder ist sie gleich geblieben?" Angaben in Prozent. Quelle: Glatzer 2009 in ApuZ 47/2009, S. 19

In den Armuts- und Reichtumsberichten der Bundesregierung werden ein Anstieg sozialer Ungleichheit und eine tendenziell abnehmende Verteilungsgerechtigkeit zwar eingeräumt, nicht aber auf politische respektive systemstrukturelle Zusammenhänge zurückgeführt.[268] Statt dessen sind hier Wirtschaftslage und „Veränderungen der Alters- und Haushaltsstrukturen"[269] als maßgebliche Faktoren hervorgehoben. Besonders im dritten Bericht 2008 wird der zunehmenden Einkommensungleichheit immer wieder die reduzierende Wirkung des Steuer- und Transfersystems gegenübergestellt. Fakt ist aber, dass das „Ausmaß der monetären sozialstaatlichen Umverteilung [...] abgenommen" hat.[270] Zweifellos ist das Anwachsen des Armutsrisikos und der sozialen Unterschiede in der Bundesrepublik ebenso ein Resultat des sozialstaatlichen Umbaus, was mehrfach in der vorliegenden Arbeit nachgewiesen wurde. Es lässt sich demnach festhalten, dass – im Ansatz durchaus vergleichbar mit den Erfahrungen aus der „Ära Kohl" – eine Mitverantwortlichkeit der Reformpolitik für ansteigende Armutsziffern konsequent verschleiert oder gar verleugnet wird. Die Armuts- und Reichtumsberichte der Bundesregierung haben entgegen ihrer offiziellen Zielsetzung auch keinen Rückgang

268 Vgl. Deutscher Bundestag (2005): Lebenslagen in Deutschland – Zweiter Armuts- und Reichtumsbericht; Berlin, Köln (Drucksache 15/5015), S. 12
269 Deutscher Bundestag (2008): Lebenslagen in Deutschland – Dritter Armuts- und Reichtumsbericht; Berlin, Köln (Drucksache 16/9915), S. 36
270 Ebd., S. 34

der Armut und keine offensichtliche Verminderung der Polarisierung zwischen Arm und Reich bewirkt; vielmehr könnte man den Eindruck gewinnen, dass sie mittlerweile überwiegend eine Alibifunktion erfüllen und lediglich einen politischen Willen zur Bekämpfung sozialer Ungleichheit suggerieren sollen. Den mit den umgestalteten Sicherungssystemen einhergehenden Gerechtigkeitsdefiziten, die in Form theoretischer und praktischer Gerechtigkeitslücken bestehen und die letztlich oft gerichtliche Bestätigung finden, begegnen die Berichte vornehmlich mit Phrasen: „Die Sozialhilfe und die Grundsicherung für Arbeitsuchende sind mit Rechtsansprüchen ausgestattete Fürsorgesysteme, die eine Mindestsicherung bieten und vor Armut und sozialer Ausgrenzung schützen."[271] Die Sozialstatistik widerspricht Aussagen wie dieser eindeutig. Gerade die Höhe der Transferleistungen im Mindestsicherungssystem reicht in der Regel nicht, um die Betroffenen über die Armutsgrenze zu heben, wenn man die übliche Armutsrisikoschwelle von 60% des Medianeinkommens zugrunde legt.[272]

Nach einer Veröffentlichung der OECD befindet sich die Einkommensungleichheit in deren Mitgliedsstaaten auf dem höchsten Stand seit 30 Jahren. Auffällig ist, dass die Einkommensunterschiede trotz Wirtschafts- und Beschäftigungswachstum zunahmen. Dafür seien gemäß OECD in erster Linie Lohnspreizung und Arbeitsmarktentwicklung verantwortlich.[273] Dies sei unter anderem eine Folge geänderter Arbeitsbedingungen, insbes. der Ausdehnung atypischer Arbeitsverträge.[274] Die Voraussetzungen für eine solche Entwicklung wurden jedoch bewiesenermaßen in der Bundesrepublik politisch geschaffen – die entsprechenden Schritte diskursiv häufig sogar als Problemlösungen legitimiert.[275] Deutschland gilt heute im europäischen Vergleich als beispielhaft für die Ausbreitung der Prekarisierung.[276] Zum einen wurde die Arbeitsmarktpolitik konsequent „auf die Bedingungen von Niedriglohnmärkten ausgerichtet"[277], zum anderen wurden negative Folgeerscheinungen der Heterogenisierung der Arbeitsverhältnisse kaum politisch bearbeitet. Bis heute gibt es in der Bundesrepublik beispielsweise keinen bundesweit gültigen, branchenübergreifenden gesetzlichen Mindestlohn. Zwänge und Anforderungen für erwerbsfähige Hilfebedürftige sind enorm gestiegen, Anforderungen Arbeitssuchender an Arbeitsbedingungen und Arbeitsqualität werden dagegen politisch

---

271 Ebd., S. 125
272 Vgl. z.B. Boekh / Huster / Benz 2011, S. 284
273 Vgl. OECD (Hrsg.) (2011): Divided We Stand: Why Inequality Keeps Rising; OECD Publishing Paris
274 Vgl. ebd.
275 Vgl. Scherschel / Booth 2012, S. 18
276 Vgl. ebd. S. 29
277 Mohr 2009, S. 59

so gut wie nicht mehr akzeptiert. Die neoliberalen Reformen haben die Asymmetrie im Machtverhältnis zwischen den Besitzeliten und der von Lohnarbeit abhängigen Bevölkerungsmehrheit nicht nur gesteigert, sondern auch stärker sichtbar gemacht.

Parallel zum steigenden Wohlstand nimmt in Deutschland die Zahl der Personen zu, die ihr Leben nicht mehr ohne finanzielle Unterstützung durch den Staat bestreiten können; die „Verteilungsschieflage"[278] hat sich hierzulande in den letzten Jahren zugespitzt. Gleichzeitig bildet sich eine soziale Schicht heraus, welche in hohem Maße „aus den Austauschbeziehungen der Gesellschaft ausgegrenzt ist".[279] Die 2006 veröffentlichte Studie „Gesellschaft im Reformprozess" betitelte diese als „abgehängtes Prekariat" und legte anschaulich dar, dass schlechte materielle Verhältnisse und unsichere bzw. aussichtslose Zukunftsperspektiven längerfristig sozialem Rückzug und fatalistischer Haltung Vorschub leisten.[280] Nach SOEP-Daten leben aktuell rund acht Prozent der bundesdeutschen Bevölkerung in einem Zustand der verfestigten Armut. Die Menschen, die der untersten sozialen Schicht angehören, leben überwiegend von Sozialleistungen und verfügen durchschnittlich über ein Einkommen von ungefähr 40% des äquivalenzgewichteten Medianeinkommens.[281] Experten gehen nicht davon aus, dass die Lücke zwischen Armutsgrenzen und dem, was der deutsche Staat als soziokulturelles Existenzminimum Bedürftiger anerkennt, in absehbarer Zeit geschlossen werden wird.[282]

Ein Indiz dafür, dass die öffentliche Mindestsicherung in vielen Fällen zu niedrig bemessen ist und / oder systembedingt nicht allen Anspruchsberechtigten zugute kommt, ist sicher auch der massive Zuwachs an privaten und wohlfahrtsverbandlichen Hilfeeinrichtungen. Die steigende Nachfrage nach dem Angebot von „Tafeln", sog. Sozialkaufhäusern und Suppenküchen lässt jedenfalls auf eine Differenz zwischen staatlicher Versorgung und tatsächlichem Bedarf schließen.

Was ist nun hinsichtlich der zukünftigen Entwicklung von Armut und Ungleichheit in der BRD zu erwarten? Ein Fortschritt für die Ärmsten im Land ist im Großen und Ganzen seit Ende der 90er Jahre nicht eingetreten, die sozialen Unterschiede haben sogar weiter zugenommen. Zwar führten die Hartz-Reformen zu einem Rückgang der

278 Boekh / Huster / Benz 2011, S. 272
279 Ebd., S. 284
280 Vgl. Müller-Hilmer 2006
281 Vgl. Boekh / Huster / Benz 2011, S. 284
282 Vgl. ebd., S. 286

Erwerbslosenzahlen, eine Verringerung der Hilfebedürftigkeit wurde allerdings kaum bewirkt.[283] Unter den sozialrechtlichen Bedingungen in Deutschland bergen die politisch vorangetriebene Ausweitung prekärer Beschäftigung und die Senkung des Lohnniveaus auf Dauer erhebliche Gefahren für die soziale Sicherung. Neben einer unklaren materiellen Absicherung in der Erwerbsphase ist bei einem wachsenden Anteil der Bevölkerung mit einem lückenhaften Sozialschutz zu rechnen, der unter anderem das Armutsrisiko im Alter ansteigen lässt. Das Absenken von Transfereinkommen, die als Solidarleistungen zur Bekämpfung von Armut und sozialen Notlagen dienen sollen, ist ebenfalls in vielfacher Hinsicht problematisch. Die neoliberale Politik der Aktivierung klammert bewusst aus, dass Transfereinkommen in Notsituationen die Grundlage zu einer aktiven Teilnahme am gesellschaftlichen und wirtschaftlichen Leben bilden und damit zur Befähigung / Förderung der Leistungsempfänger voraussetzungsvoll sind. „Und Arbeitslosengeld- sowie Sozialhilfebezieher fehlen in aller Regel nicht am Arbeitsmarkt, weil sie an Sozialleistungen hängen, sondern beziehen diese, weil sie von Lohnarbeit abhängen."[284] Objektiv betrachtet ist es überdies strukturell nicht möglich, dass die Mehrzahl der erwerbslosen Menschen in absehbarer Zeit in Arbeit gebracht wird – in Deutschland stehen derzeit statistisch jeder offenen Stelle rund dreieinhalb Arbeitssuchende gegenüber.[285]

Nicht nur die Arbeitsmarktpolitik, die Sozialpolitik im Ganzen entfernt sich sukzessive vom sozialstaatlichen Kerngedanken des Ausgleichs sozialer Gegensätze, wie an vielen Stellen dieser Arbeit nachgewiesen wurde. Gleichwohl ist ein politisches Umdenken nicht absehbar. Perspektivisch stellt sich deshalb die Frage nach einer Spaltung des Sozialstaats, die sich z.B. in der Familienpolitik bereits abzeichnet. Freiheit, finanzielle Unterstützung und die Gewährung von Chancen werden dann vermehrt zum Privileg bestimmter sozialer Schichten, während der Mangel an Verwirklichungschancen für sozial benachteiligte Gesellschaftsgruppen immer weniger ausgeglichen wird. Die präventive Bekämpfung von Armut und sozialer Ungleichheit verliert in einem solchermaßen gespaltenen Sozialstaat ebenso an Bedeutung. So werden Arme nach und nach von den „gesamtgesellschaftlichen Austauschbeziehungen abgekoppelt und auf private Mildtätigkeit verwiesen".[286] Aber auch für die Allgemeinheit birgt der sozialstaatliche Strukturwandel zahlreiche Risiken. Bäcker et al. (2008) betonen, dass die Prinzipien von Lohnersatz- und Lebensstandardsicherung eine unverändert große

283 Vgl. z.B. Scherschel / Booth 2012, S. 39
284 Boekh / Huster / Benz 2011, S. 390
285 Vgl. z.B. Stierle, Steffen (2010): Reichtum & Armut: Eine Verteilungsfrage; Hamburg, S. 26
286 Ebd., S. 447

Tragweite haben; eine gesicherte Lebensführung und -planung sei in einem System, dass lediglich ein Minimum an sozialer Sicherung bietet, nicht gewährleistet. Daher plädieren sie für eine Weiterentwicklung der Sozialversicherung anstelle des von der Bundesregierung gewählten Wegs der Mindestsicherung und privaten Vorsorge.[287] Die zunehmende Begrenzung und Konditionierung von Unterstützungsleistungen halten die Sozialforscher für falsch; die ökonomischen und sozialen Umbrüchen unserer Zeit erfordern ihrer Einschätzung nach eher eine Ausweitung der Sozialversicherung und ihrer Finanzierung auf die gesamte Bevölkerung.[288] In Anbetracht der eingeschlagenen Richtung deutscher wie gesamteuropäischer Sozialpolitik kommt der – perspektivisch durchaus sinnvolle – Vorschlag einer Volksversicherung jedoch einer sozialen Utopie gleich.

In Europa haben der EU-isierungsprozess und der Euro weder zu einer Verbesserung der sozialen Situation in den EU-Ländern, noch zu einer Angleichung zwischen den Mitgliedsstaaten geführt. Es lässt sich feststellen, „dass die Ungleichheiten sowohl in der EU insgesamt, als auch in den meisten europäischen Ländern stark zugenommen haben".[289] Speziell in Bezug auf Europa und die jüngsten Krisen des Euro-Raums werden neoliberal orientierte politische Maßnahmen in der Bundesrepublik immer wieder als alternativlos dargestellt und mit ökonomischen Zwängen begründet. Qualität und Quantität sozialer Sicherung hängen indessen nicht allein davon ab, was sich eine Volkswirtschaft ökonomisch leisten kann, wie z.B. Bäcker et al. (2008) hervorheben. Es ist, wie auch Garfinkel / Rainwater / Smeeding (2010) akzentuieren, mindestens genauso entscheidend, dass Solidarität auf breiter Ebene gewollt wird und vor allem auch die sozial Stärkeren das System stützen.[290]

Der in der Nachkriegszeit begonnene Ausbau der Sozialpolitik hat die soziale Absicherung in Deutschland wesentlich verbessert und zur Ausbreitung des steigenden Wohlstands beigetragen. Dadurch wurde eine „Emanzipation von traditionellen Abhängigkeiten"[291] bewirkt, durch die ökonomische Zwänge zwar nicht beseitigt, aber abgemildert und erträglicher gestaltet wurden. Für die von Lohnarbeit abhängigen Gesellschaftsschichten ermöglichten die so geschaffenen Freiheitsspielräume eine hochgradig individuelle Lebensplanung sowie reelle Selbstverwirklichungschancen. Mit

---

287 Vgl. Bäcker et al. 2008, S. 82 ff.
288 Vgl. ebd., . 83
289 Stierle 2010, S. 24
290 Vgl. Bäcker et al. 2008, S. 86 sowie im weiteren Sinne Garfinkel et al. 2010, S. 29 ff.
291 Bäcker et al. 2008, S. 63

dem politischen Kurswechsel, der sich in den 80er Jahren abzuzeichnen begann und unter der Kanzlerschaft Gerhard Schröders im neuen Jahrtausend endgültig vollzogen wurde, hat diesbezüglich eine Rückentwicklung stattgefunden. Im wohlfahrtsstaatlichen Vergleich ist das sozialstaatliche Sicherungsniveau in der Bundesrepublik nach wie vor noch als hoch zu bewerten. Dennoch werden Arbeitnehmerrisiken und allgemeine Lebensrisiken bei weitem nicht mehr so umfassend durch den Staat abgefedert, wie es noch vor wenigen Jahren der Fall war. Für die Zukunft zeichnet sich tendenziell eine weitere Rückentwicklung ab. Die Zahl derjenigen Armen, die verstärkt wieder auf die im Mittelalter traditionellen Unterstützungsformen – durch Familie, Verwandtschaft, soziale Netze und karitative Hilfeleistungen – angewiesen sind, wird voraussichtlich weiter ansteigen.

Schlussbetrachtung

Ausgangsfragen dieser Arbeit waren, ob sich die deutsche Sozialstaatlichkeit derzeit tatsächlich im Umbruch befindet und inwieweit klare Zusammenhänge zwischen Sozialpolitik und Armutsentwicklungen im neuen Jahrtausend feststellbar sind. Es erfolgten eine Betrachtung jüngerer sozialpolitischer Umgestaltungsprozesse in der Bundesrepublik und eine Auseinandersetzung mit Veränderungen der sozialen Lage im Land. Im Anschluss wurden der weitläufige Wandel von Wohlfahrtsstaatlichkeit sowie die diesbezüglichen Vorgänge in der BRD dargelegt und analysiert. Zugrunde lag der Gedanke einer aktuellen soziologischen Bestandsaufnahme armutsrelevanter bzw. armutspolitischer Entwicklungen in Deutschland seit der Jahrtausendwende.

Die Frage nach einem Wandel der Sozialstaatlichkeit – im Einzelnen des strukturellen Sozialstaatsgefüges und der wesentlichen sozialstaatlichen Paradigmen – lässt sich eindeutig bejahen. Diese Erkenntnis ist bei weitem nicht neu, weshalb die Frage als solche im Titel rein rhetorisch gesehen werden muss und erst in Verbindung mit den dargestellten Vorgängen an tieferer Bedeutung gewinnt. Legt man zugrunde, dass sich Gesellschaftssysteme fortlaufend verändern und weiterentwickeln, so könnte man den sozialstaatlichen Umbau, der das Resultat einer politischen Neuinterpretation des deutschen Sozialstaatsgedankens bildet, als Übergang von einer Periode in eine andere begreifen. Charakteristisch für den im neuen Jahrtausend reformierten Sozialstaat ist als Folge einer weitreichenden Hinnahme und Förderung der um sich greifenden Prekarisierung vor allem „das erneute Auftreten massenhafter Verwundbarkeit von Lohnabhängigen nach einer historisch einmaligen Phase der gesellschaftlichen Integration".[292] Mit dem Rückbau sozialstaatlicher Regulationsmechanismen und einer Verlagerung sozialpolitischer Zielsetzungen schufen die verantwortlichen Akteure den Rahmen für eine Ausweitung von Marktbedingungen im Bereich des Sozialen. Das in der Bundesrepublik bisher dominante „Prinzip der Lebensstandardsicherung"[293] wurde im Zuge der Umstrukturierungen massiv geschwächt, während hingegen neue Formen der Mindestsicherung ins Zentrum politischer Reformmaßnahmen rückten. Wie anhand der anfangs umrissenen Sozialpolitik der 80er und 90er Jahre ersichtlich geworden sein sollte, vollzog sich der Wandel bis zu dem Hartz-Reformen eher inkrementell, fand in

---

292 Scherschel / Streckeisen / Krenn 2012, S. 9
293 Mohr 2009, S. 55

diesen jedoch seinen vorläufigen Kulminationspunkt.[294] Der damit einhergehende „historische Bruch"[295] ist bis heute stark umstritten und nicht frei von Widersprüchen, was sich auch in den Ergebnissen wissenschaftlicher Umfragen widerspiegelt. Für die von relativer Armut betroffenen und potenziell armutsgefährdeten Bevölkerungsanteile kann der sozialstaatliche Wandel insgesamt nicht als positiv bewertet werden, vielmehr zeigt die Forschung, dass soziale Integrationsbemühungen abgenommen haben.

Nach Gøsta Esping-Andersens bekannter Klassifizierung von Wohlfahrtsstaaten[296] war die Bundesrepublik ungefähr zur Zeit der Wiedervereinigung dem konservativ-korporatistischen Wohlfahrtsstaatstypus zuzuordnen. Bezeichnende Merkmale dieses Typus, wie z.B. eine marginale Relevanz privater Absicherung, bestehen mittlerweile allerdings teils gar nicht mehr oder wurden erheblich modifiziert. Etwa seit der Jahrtausendwende ist eine sukzessive Annäherung an den liberalen Wohlfahrtsstaatstyp zu beobachten, der sich dadurch auszeichnet, dass ein Großteil der staatlichen Sozialleistungen nur bei nachgewiesener Bedürftigkeit gewährt wird und sozialer Ausgleich einen geringen Stellenwert einnimmt. Forschungsergebnisse dokumentieren indessen, dass der dritte Wohlfahrtsstaatsgrundtypus, der von Esping-Andersen (1990) als sozialdemokratisch-universalistisch bezeichnet wird, in der Praxis am besten in der Lage ist, Armut zu bekämpfen. Die Armutsquoten und Einkommensungleichheiten in den entsprechenen Ländern gehören zu den niedrigsten der Welt.[297]

Zusammenhänge zwischen Sozialpolitik und Armutsentwicklungen in der BRD konnten besonders im zweiten Kapitel der Abhandlung vielfach belegt werden. Seit Jahrzehnten fördert und unterstützt die Bundesregierung administrativ die Verteilung des Reichtums von unten nach oben. Änderungen im Steuergefüge und innerhalb des sozialstaatlichen Sicherungssystems bevorteilten mehrheitlich wohlhabendere Bevölkerungsgruppen und verschlechterten die Lage sozial schwächerer Schichten, welche darüber hinaus einen massiven Abbau von Rechten und Rechtsansprüchen hinnehmen mussten. Mit dem Jahrtausendwechsel verfestigte sich eine marktorientierte, neoliberal ausgerichtete Politik in Deutschland, über die mit einem qualitativen Umbau sozialstaatlicher Mechanismen quantitativ auf die gesellschaftliche Umverteilung eingewirkt wurde. Auch wenn regierungsseitig wiederholt erklärt worden ist, Armut und soziale Ausgrenzung bzw. Benachteiligung bekämpfen zu wollen, so steht dies im krassen

---

294 Vgl. ebd., S. 59
295 Streckeisen 2012, S. 190
296 Siehe Esping-Andersen, Gøsta (1990): The Three Worlds of Welfare Capitalism; Princeton NJ
297 Vgl. Z.B. Stierle 2010, S. 52

Widerspruch zur politischen Praxis und kann demnach nur begrenzt ernst genommen werden. Bisherige Maßnahmen der Regierungen Schröder und Merkel weisen absolut nicht darauf hin, dass zukünftige Bemühungen entscheidende Fortschritte mit sich bringen. Das von Regierungsvertretern in Armuts- und Reichtumsdebatten immer wieder bemühte Gerechtigkeitsparadigma der Leistungsgerechtigkeit wirkt ebenfalls oft zynisch, denn es kann hier und heute keinesfalls mehr davon ausgegangen werden, dass Leistung die wesentliche Grundlage für Reichtum bildet.

Gängige Theorien zur Verringerung relativer Armut in Wohlstandsländern und die aktuell darauf aufbauenden Vorschläge zur Armutsbekämpfung haben im Wesentlichen eine große Gemeinsamkeit: sie setzen vorrangig auf die Umverteilungs- und Ausgleichsfunktion der Wohlfahrtsstaatsapparaturen, ohne dabei tiefergreifende Umstrukturierungen oder Modifikationen im Wirtschaftssystem dieser Länder in den Blick zu nehmen. Experten wie Kenworthy (2011) oder Garfinkel et al. (2010) kommen in ihren Analysen zu dem Schluss, dass sich einzelne Wohlfahrtsstaaten so weiterentwickeln müssen, dass sie den armutsgenerierenden Effekten heutiger Ökonomien entgegenwirken; die Empfehlung, diese durch stärkere staatliche Eingriffe im System der Wirtschaft an sich zu reduzieren, wird nicht ausgesprochen. Wenn zeitgenössische Wissenschaftler tatsächlich in eine solche Richtung argumentieren, bleiben sie in der Regel eher vage und unbestimmt.

In der Bundesrepublik wird mit der gegenwärtigen Sozialpolitik versucht, einen möglichst großen Anteil der erwerbsfähigen Bevölkerung den vorherrschenden Wirtschafts- und Arbeitsmarktgegebenheiten anzupassen. Für den erwerbslosen Anteil arbeitsfähiger Menschen im Land setzt diese Politik auf eine „Eingliederung in den Arbeitsmarkt, wie er ist".[298] Wir bewegen uns diesbezüglich auf einen stark autoritären Staat zu, in dem sozialstaatliche Errungenschaften bzw. grundlegende Arrangements, die den Einzelnen und die Gesellschaft verbinden, zunehmend den Gesetzen des Kapitalismus weichen müssen. Eine – wie auch immer ausgestaltete – Anpassung des Wirtschaftssystems mit dem Ziel einer Verringerung relativer Armut und sozialer Ungleichheit scheint dagegen ein utopischer Gedanke.

Rabindranath Tagore, ein bedeutender bengalischer Intellektueller des späten 19. und frühen 20. Jahrhunderts (1861-1941), hat sich – natürlich zu seiner Zeit und in anderem Zusammenhang – intensiv mit dem Phänomen der Armut befasst. Seine Gedanken und

---

298 Bartelheimer, Peter (2010) zit. nach Scherschel / Booth 2012, S. 39

Erkenntnisse findet man heute in erweiterter Form vor allem in den Werken von Amartya Sen.[299] Die Basisüberlegung Tagores war, dass Arme einen Willen entwickeln müssen, ihre Situation zu verbessern. Armut als Dauerzustand würde insbes. durch einen Mangel an Zuversicht erzeugt. Gleichermaßen sah er Ungleichheit als ein gesellschaftliches Grundproblem: „Es ist wahr, dass die Mehrheit der Chancen der Neuzeit den Reichen zugute kommen [...]. Das bedeutet, wenige profitieren vom Vorteil, der Rest ist benachteiligt. Dies bringt Kettenreaktionen [...] hervor, die die Gesellschaft als Ganze ausbaden muss."[300] Tagores Sicht auf Armut eröffnet zwei Aspekte, die in heutigen Armutsdiskursen leider so gut wie keine Berücksichtigung finden: Zum einen muss in Armen der Wunsch geweckt werden, auf eine Verbesserung ihrer Lage hinzuwirken. Dazu müssen jedoch die äußeren Voraussetzungen stimmen. Wichtigster Punkt ist hierbei, dass positive Bedingungen und reelle Möglichkeiten existieren, mit denen sich Benachteiligte ihren Weg aus der Armut erarbeiten können. Zum anderen betonte Tagore die Wichtigkeit von gezielter Vernetzung und Solidarität. Erst die organisierte Gemeinschaft schaffe die soziale Kraft, Rechte geltend zu machen und die Fähigkeiten bzw. das Potenzial aller in Wohlstand umzusetzen.

---

299 Siehe insbes. in Sen, Amartya (1999): Development as Freedom; New York
300 Übersetztes Originalzitat von R. Tagore aus Rahman, Aitur (2012): „Rabindranaths Denken über Armut" In: Khan, Hamidul (Hrsg.): Universalgenie Rabindranath Tagore. Eine Annäherung an die bengalische Dichtung, Philosophie und Kultur; Heidelberg, S. 46

Literatur- und Quellenverzeichnis

Alber, Jens / Heisig, Jan Paul (2011): Do new labour activation policies work? A descriptive analysis of the German Hartz reforms. Discussion Paper SP I 2011–211, Wissenschaftszentrum Berlin für Sozialforschung; Berlin
http://bibliothek.wzb.eu/pdf/2011/i11-211.pdf

Bäcker, Gerhard (2008): „SGB II: Grundlagen und Bestandsaufnahme" In: Klute, Jürgen / Kotlenga, Sandra (Hrsg.): Sozial- und Arbeitsmarktpolitik nach Hartz – Fünf Jahre Hartzreformen: Bestandsaufnahme – Analysen – Perspektiven; Göttingen

Bäcker, Gerhard et al. (2008): Sozialpolitik und soziale Lage in Deutschland. Band 1: Grundlagen, Arbeit, Einkommen und Finanzierung; Wiesbaden (4. Aufl.)

Bäcker, Gerhard et al. (2008): Sozialpolitik und soziale Lage in Deutschland. Band 2: Gesundheit, Familie, Alter und Soziale Dienste; Wiesbaden (4. Aufl.)

Barlösius, Eva et al. (Hrsg.) (1995): Ernährung in der Armut. Gesundheitliche, soziale und kulturelle Folgen in der Bundesrepublik Deutschland; Berlin

Boeckh, Jürgen / Huster, Ernst-Ulrich / Benz, Benjamin (2011): Sozialpolitik in Deutschland. Eine systematische Einführung; Wiesbaden (3. Aufl.)

Bothfeld, Silke / Sesselmeier, Werner / Bogedan, Claudia (Hrsg.) (2009): Arbeitsmarktpolitik in der sozialen Marktwirtschaft – Vom Arbeitsförderungsgesetz zum Sozialgesetzbuch II und III; Wiesbaden

Bundesministerium für Wirtschaft und Arbeit (2005): Vorrang für die Anständigen – Gegen Missbrauch, „Abzocke" und Selbstbedienung im Sozialstaat. Ein Report vom Arbeitsmarkt im Sommer 2005; Berlin

Butterwegge, Christoph (2012): Armut in einem reichen Land – Wie das Problem verharmlost und verdrängt wird; Frankfurt, New York (3. Aufl.)

Deckl, Silvia (2011): „Armutsgefährdung und soziale Ausgrenzung" In: Statistisches Bundesamt / Wissenschaftszentrum Berlin für Sozialforschung (Hrsg.): Datenreport 2011 – Ein Sozialbericht für die Bundesrepublik Deutschland; Bonn

Deutscher Bundestag (2001): Lebenslagen in Deutschland – Erster Armuts- und Reichtumsbericht; Berlin, Bonn (Drucksache 14/5990)

Deutscher Bundestag (2005): Lebenslagen in Deutschland – Zweiter Armuts- und Reichtumsbericht; Berlin, Köln (Drucksache 15/5015)

Deutscher Bundestag (2006): Bericht 2006 der Bundesregierung zur Wirksamkeit moderner Dienstleistungen am Arbeitsmarkt; Berlin (Drucksache 16/3982)

Deutscher Bundestag (2008): Drucksache 16/9746

http://dip21.bundestag.de/dip21/btd/16/097/1609746.pdf

Deutscher Bundestag (2008): Lebenslagen in Deutschland – Dritter Armuts- und Reichtumsbericht; Berlin, Köln (Drucksache 16/9915)

Dingeldey, Irene (2011): „Der aktivierende Wohlfahrtsstaat – Governance der Arbeitsmarktpolitik in Dänemark, Großbritannien und Deutschland; Frankfurt a. M.

DIW (2009): „Gestiegene Vermögensungleichheit in Deutschland" In: Wochenbericht des DIW Berlin Nr. 4/2009, S. 59

Esping-Andersen, Gøsta (1990): The Three Worlds of Welfare Capitalism; Princeton

Garfinkel, Irvin / Rainwater, Lee / Smeeding, Timothy (2010): Wealth and Welfare States. Is America a Laggard or Leader? Oxford, New York

Glatzer, Wolfgang (2009): „Gefühlte (Un)Gerechtigkeit" In: ApuZ – Aus Politik und Zeitgeschichte 47/2009

Goebel, Jan / Habich, Roland / Krause, Peter (2011): „Einkommen – Verteilung, Angleichung, Armut und Dynamik" In: Statistisches Bundesamt / Wissenschaftszentrum Berlin für Sozialforschung (Hrsg.): Datenreport 2011 – Ein Sozialbericht für die Bundesrepublik Deutschland; Bonn

Hauser, Richard (2007): „Reicht das Einkommen im Alter aus? Die Armut unter alten Menschen wird deutlich zunehmen" In: Forschung Frankfurt Bd. 25, 2/2007

Hauser, Richard (2012): „Das Maß der Armut: Armutsgrenzen im sozialstaatlichen Kontext – Der sozialstatistische Diskurs" In: Huster, Ernst-Ulrich / Boeckh, Jürgen / Mogge-Grotjahn, Hildegard (Hrsg.): Handbuch Armut und soziale Ausgrenzung; Wiesbaden (2. Aufl.)

International Labour Office (2010): Global Wage Report 2010/11, Datenblatt Deutschland 2010/11; Berlin

Jochem, Sven (1999) „Sozialpolitik in der Ära Kohl: Die Politik des Sozialversicherungsstaates", ZeS-Arbeitspapier Nr. 12/99; Bremen

http://edoc.vifapol.de/opus/volltexte/2008/441/pdf/AP_12_1999.pdf

Kalina, Thorsten / Weinkopf, Claudia (2010): IAQ-Report 2010-06; „Niedriglohnbeschäftigung 2008: Stagnation auf hohem Niveau – Lohnspektrum franst nach unten aus"

http://www.iaq.uni-due.de/iaq-report/2010/report2010-06.pdf

Kenworthy, Lane (2011): Progress for the Poor; Oxford, New York [Final prepublication draft, abweichende Seitennummerierung]

Keynes, John Maynard (1936): Allgemeine Theorie der Beschäftigung, des Zinses und des Geldes; Berlin (7. Auflage 1994)

Koalitionsvereinbarung zwischen SPD und Grünen vom 20.10.1998

http://www.spd.de/linkableblob/1850/data/koalitionsvertrag_bundesparteitag_bonn_1998.pdf

Kohl, Helmut (1982): Regierungserklärung des Bundeskanzlers am 13. Oktober 1982 vor dem Deutschen Bundestag in Bonn: 'Koalition der Mitte: Für eine Politik der Erneuerung' In: Bulletin Nr. 93, 14. Oktober 1982; Bonn

http://www.mediaculture-online.de/fileadmin/bibliothek/kohl_RE_1982/kohl_RE_1982.pdf

Kommission der Europäischen Gemeinschaften (1999): Eine konzentrierte Strategie zur Modernisierung des Sozialschutzes; Mitteilung; Brüssel

Lampert, Thomas et al. (2011): „Gesundheitliche Ungleichheit" In: Statistisches Bundesamt / Wissenschaftszentrum Berlin für Sozialforschung (Hrsg.): Datenreport 2011 – Ein Sozialbericht für die Bundesrepublik Deutschland; Bonn, S. 258

Leisering, Lutz (2007): „Gerechtigkeitsdiskurse im Umbau des deutschen Sozialstaats" In: Empter, Stefan / Vehrkamp, Robert B. (Hrsg.): Soziale Gerechtigkeit – eine Bestandsaufnahme; Gütersloh

Lessenich, Stephan (2008): Die Neuerfindung des Sozialen. Der Sozialstaat im flexiblen Kapitalismus; Bielefeld

Lippl, Bodo (2008): Klare Mehrheiten für den Wohlfahrtsstaat. Gesellschaftliche Wertorientierungen im internationalen Vergleich. Gutachten im Auftrag der Friedrich-Ebert-Stiftung; Bonn

Marburger, Horst (2008): SGB II – Grundsicherung für Arbeitssuchende. Ausführliche Einführung in das zweite Sozialgesetzbuch; Regensburg (7. Aufl.)

Mohr, Kathrin (2009): „Von 'Welfare to Workfare'? Der radikale Wandel der deutschen Arbeitsmarktpolitik" In: Bothfeld, Silke / Sesselmeier, Werner / Bogedan, Claudia (Hrsg.): Arbeitsmarktpolitik in der sozialen Marktwirtschaft – Vom Arbeitsförderungsgesetz zum Sozialgesetzbuch II und III; Wiesbaden

Müller-Hilmer, Rita (2006): Gesellschaft im Reformprozess. Umfrage im Auftrag der Friedrich-Ebert-Stiftung; TNS Infratest Sozialforschung; München, Bielefeld, Berlin, Hamburg, Wetzlar

Organisation für wirtschaftliche Zusammenarbeit und Entwicklung (Hrsg.) (2011): Divided We Stand: Why Inequality Keeps Rising; OECD Publishing Paris

Oschmiansky, Frank (2010): „Minijobs / geringfügige Beschäftigung"
http://www.bpb.de/politik/innenpolitik/arbeitsmarktpolitik/55335/minijobs

Petzold, Stefan (2009): Der Arbeitsbegriff hinter den Hartz IV-Gesetzen und

Auswirkungen auf Sozialstaat und Grundrechte; Hamburg

Pollak, Reinhard (2011): „Soziale Mobilität" In: Statistisches Bundesamt /

Wissenschaftszentrum Berlin für Sozialforschung (Hrsg.): Datenreport 2011 – Ein

Sozialbericht für die Bundesrepublik Deutschland; Bonn

Rahman, Aitur (2012): „Rabindranaths Denken über Armut" In: Khan, Hamidul

(Hrsg.): Universalgenie Rabindranath Tagore. Eine Annäherung an die bengalische

Dichtung, Philosophie und Kultur; Heidelberg

Roth, Rainer (1998): Über den Monat am Ende des Geldes; Frankfurt a. M.

Roth, Rainer (1999): Das Kartenhaus. Ökonomie und Staatsfinanzen in Deutschland;

Frankfurt a. M. (2. Aufl.)

Scherschel, Karin / Booth, Melanie (2012): „Aktivierung in die Prekarität: Folgen der

Arbeitsmarktpolitik in Deutschland" In: Scherschel, Karin / Streckeisen, Peter / Krenn,

Manfred (Hrsg.): Neue Prekarität. Die Folgen aktivierender Arbeitsmarktpolitik –

europäische Länder im Vergleich; Frankfurt a. M.

Schmid, Josef (2010): Wohlfahrtsstaaten im Vergleich – Soziale Sicherung in Europa:

Organisation, Finanzierung, Leistungen und Probleme; Wiesbaden (3. Aufl.)

Schröder, Gerhard / Blair, Tony (1999): Der Weg nach vorne für Europas

Sozialdemokraten; London

Stapelfeldt, Gerhard (1998): Wirtschaft und Gesellschaft der Bundesrepublik

Deutschland: Kritik der ökonomischen Rationalität. Zweiter Band; Hamburg

Statistisches Bundesamt / Wissenschaftszentrum Berlin für Sozialforschung (Hrsg.):

Datenreport 2011 – Ein Sozialbericht für die Bundesrepublik Deutschland; Bonn
https://www.destatis.de/DE/Publikationen/Datenreport/Downloads/Datenreport2011.pdf

Stierle, Steffen (2010): Reichtum & Armut: eine Verteilungsfrage; Hamburg

Streckeisen, Peter (2012): „Wege zur neuen Prekarität" In: Scherschel, Karin /

Streckeisen, Peter / Krenn, Manfred (Hrsg.): Neue Prekarität. Die Folgen aktivierender

Arbeitsmarktpolitik – europäische Länder im Vergleich; Frankfurt a. M.

Vehrkamp, Robert B. / Kleinsteuber, Andreas (2007): „Soziale Gerechtigkeit –

Ergebnisse einer repräsentativen Parlamentarier-Umfrage" In: Empter, Stefan /

Vehrkamp, Robert B. (Hrsg.): Soziale Gerechtigkeit – eine Bestandsaufnahme;

Gütersloh

Vogel, Berthold (2010): „Staatliche Regulierung von Arbeit" In: Böhrle, Fritz / Voß, Günter G. / Wachtler, Günther (Hrsg.): Handbuch Arbeitssoziologie; Wiesbaden

Wolf, Michael (2007): „Sozialpolitik und Soziale Arbeit jenseits des Wohlfahrtsstaats: Leben auf eigenes Risiko" In: UTOPIE kreativ 206

Wolf, Michael (2008): „Die Reform der Hartz IV-Reform: Verfolgungsbetreuung plus" In: UTOPIE kreativ 213/214